Star
星出版

新觀點
新思維
新眼界

Star 星出版

投資者的

朱寧

著

敵　　人

Star 星出版

★本書書眉設計成不等高，紙本書
　書側可見各章分野，方便查閱

目錄

01

不盡如人意的績效　17

即使高水平的機構投資者或企業，也會在投資過
程中面臨巨大的損失。投資者在考慮投資的時
候，必須認識風險。很多投資者之所以喜歡陰謀
論或戰爭論，是因為陰謀論或戰爭論可以成為投
資失敗的藉口。

02

馬多夫的教訓　37

投資者一定要盡可能瞭解投資對象，意識到投資
存在風險。風險可以是別人的風險，但財富是自
己的財富。無論預期收益如何誘人，投資者一定
要提升風險意識，對於高風險的商品，應淺嘗輒
止，多元投資。

_15_

何去何從

投資者面臨的最大敵人，既不是外國的陰謀策劃
者，也不是本國的政府和監管層，更不是上市公司
或金融公司，而是自身對於金融市場和風險的片面
認知。如果投資者不能夠正確認識風險，整個資本
市場和金融體系，都會面臨極大的不確定性。

推薦序
個人認知的局限性可以被突破，
只要意識到自己的認知確實存在著局限性

現代金融市場是一個異常特殊的技術體系，它為世人提供了一種儲蓄未來財富的方式，一種對生活中的不確定性進行對沖的手段，使人們能夠投資於提供商品和服務的企業。儘管金融如此重要，但是對大多數的人來說，它依然難以理解。金融分析似乎是一個很抽象的概念，而且與傳統的思維方式存在較大的差異。或許，金融思維是人類智慧的新維度。

金融要求我們把自己理解為既活在當下又活在未來的物種。然而，金融計算和規劃是一種定量技能，不是自然產生的。未來的不確定性，很難透過簡單的手段理解、量化和分析。在人類歷史上，人類在做經濟決策時會依賴家族、群體的指引，或者遵從某位領袖的意見。其實，理性的經濟決策不應該基於上述這些因素，然而我們天生依賴傳統因素做決策。

金融分析和傳統思維之間的衝突與矛盾，會導致我們犯錯。這種失誤不僅發生在個人投資者身上，企業高管、甚至監管部門和政策制定者也不可避免。畢竟，你我皆凡人。朱寧教授的這本《投資者的敵人》，便是對經濟決策中這一基本矛盾的一次探索。我過去曾與朱教

授在多項研究中愉快合作，他的研究 —— 行為金融學，即本書主旨 —— 深度結合了金融學和人類心理學知識。他取得的研究成果頗多，對此我非常欽佩。

在過去四十年間，行為金融學像一片沃土，向我們揭示了人類在做決策時，理性和天性之間的大量矛盾，並切實給予人們有益的指導。這本書主要講述了個人和組織應如何理解與突破天性（欠佳行為）的限制。

這本書的出色之處在於，朱教授運用了多個寫作角度。這本書除了指出散戶存在的大量決策失誤，也將行為金融學的內涵延伸至企業、監管機構和政府部門。朱教授向我們展示了在這些場景中，人類的決策如何受常見心理偏誤影響。這本書不僅論證了行為金融學的重要性，還證明了個人認知的局限性是可以被突破的，只要我們意識到自己的認知確實存在著局限性。

威廉・戈茲曼 William N. Goetzmann
耶魯大學國際金融中心主任

前言
認識投資過程中的朋友和敵人，
修正錯誤，提升投資績效

　　為什麼2008年美國房地產市場會下跌，並且引發2008年百年一遇的全球金融危機？

　　為什麼2015年中國A股市場會經歷異常波動，並導致市值腰斬，損失超過25兆人民幣？

　　為什麼在2020年新冠疫情肆虐之時，全球股市會急劇暴跌，然後又急劇暴漲？

　　為什麼像美國長期資本管理公司（Long-Term Capital Management L.P., LTCM）這樣的明星對沖基金，會在1998年短短一個月裡損失超過90％，並且幾乎摧毀全球金融體系？

　　為什麼像伯納‧馬多夫（Bernard Lawrence Madoff）這樣的「明星基金經理人」，能夠在二十多年的時間裡欺騙全球六百多億美元資金的信任，但幾乎從不投資？

　　為什麼像惠普（HP）公司這樣的老牌科技公司，會在估值110億美元收購Autonomy軟體公司的收購交易中折戟沉沙，損失88億美元？

　　《投資者的敵人》原版自2013年出版以來，中國經濟增長和金融市場都發生了重大而深刻的變化。隨著過去幾年中國經濟增長速度逐漸放緩，房地產市場逐漸冷

卻，信託商品和銀行理財商品風險逐漸顯現，中國 A 股市場波動幅度增加，都讓廣大投資者、特別是散戶投資者，擁有一種無所適從的感覺。原來的投資策略和投資習慣逐漸不再適用，而新的投資理念和投資方法又尚未形成。與此同時，物價的上漲和真實購買力的逐漸下降，進一步提升了人們希望透過投資讓自己的財富保值增值的意願。2020 年的新冠疫情，更是帶來了前所未有的經濟衝擊和全球金融體系的動盪，讓很多原本成功和穩定的企業，也開始感受到環境的變化和投資過程中挑戰的增加。

這本新版的《投資者的敵人》內容更加針對企業家、企業高級管理者和政府決策者，更多利用行為金融研究，特別是行為公司金融的研究，著重討論企業家和公司高管在股權債權融資、收購兼并、投資者關係、回饋股東等公司金融領域面對的主要問題，同時結合企業家自身的特點和行為偏差，以及經濟金融體系中廣泛存在的風險和不確定性，幫助企業家認識自身決策的局限和錯誤。同時，基於政府政策和監管決定對企業經營的重大影響，本書嘗試透過政府決策和企業決策過程之間的類比，對於政策監管部門自身的行為和決策過程，也提出了基於行為金融研究的新視角和思路。

在如此複雜多變的環境中，企業家和高管所面臨的問題也在急劇變化。企業家和高管所面臨的挑戰，並不僅僅局限於如何發展與管理企業，同時涉及到如何把握資本市場提供的機會，理性負責地對自己的財富進行及

早的布局和規劃。在這一領域，企業家和高管的專業知識和技能，未必能夠給他們帶來比普通廣大散戶投資者更多的優勢。反而因為企業家和高管自身財富的高度集中、對自身行業的嚴重偏好，和在企業管理中所積累的成功經驗和績效，都可能成為他們在投資理財過程中的巨大挑戰。因此，筆者希望企業家和高管朋友，可以結合《投資者的敵人》和《投資者的朋友》兩書一起，洞悉金融體系和資本市場裡一些深層次的本質，更好地認識到資本市場既是信息的市場，更是投資者心態和投資者行為的市場，進而能夠在個人理財領域克服自身的貪婪和恐懼，識別他人的錯誤和局限，改善自己的投資決策。行為金融學，正是力圖彌補投資者在這些方面的不足的一個新興交叉學科。

　　本書的讀者當然並不局限於企業家和高管。中國2015年的股災和2018年的A股股市大跌，都在在展現了廣大散戶和企業高管在知識能力、金融工具、操作手段、風險承受能力方面的天壤之別。如果廣大散戶能對資本市場和金融體系中存在的嚴重行為偏誤、資訊不對稱和監管者的多重政策目標考慮有更多瞭解的話，就可能對自己在金融體系中的「弱勢群體」地位有更清晰的瞭解，並且做好更充分的準備，進而減少自身的行為偏誤，也減少自己被監管者誤導或被上市公司利用的可能，從而提升自己的投資績效，使自己的財富保值增值。

　　行為金融學的一個重要目的，就是幫助許許多多的投資者瞭解金融市場的複雜性，瞭解資本市場，瞭解那

些上市公司和金融機構所熟知、但散戶並不知曉的行為和做法，最終認識到自己的天真和局限，以及「弱勢群體」的定位。散戶只有更好地瞭解監管者、上市公司、企業高管的行為和思路，才有可能更好地維護自身的利益，信息充分地步入投資的賽場。

鑒於重大市場波動面前，市場上出現了越來越多的「明星投資人」，本書與最初的原版相比，增加了整整兩個章節總結明星企業和明星投資人的教訓，並且著重討論了明星企業和明星投資人失敗的原因。在資訊高度不對稱的金融市場，造神和追星都是投資者習以為常的現象與行為，但所謂的明星企業家和明星投資人，是否真的可以無往不勝？其實是一個非常值得探討的話題。

究其根本，失敗的投資一定是對於風險產生了錯誤的判斷。因此，這本新版的《投資者的敵人》特別對於風險的來源，從行為金融學的角度進行了詳細的梳理。值得強調的是，很多風險雖然來自外部，但其實植根於企業家和投資者的心靈深處。雖然企業家和高管與散戶相比具有明顯的優勢，但是正如書中指出的，恰恰是企業家和管理者過往的成功經驗，可能成為其在投資過程中面臨的最大敵人。

人生在世，很多選擇就像投資，也像管理企業，必須不停地在未知和確定、今天和未來、內心和外界之間進行選擇。一定程度上，這種選擇的本質，和財務投資在風險和收益、當下和未來之間的選擇，精髓一脈相承。根據一些發達國家資本市場的研究，無論是散戶還

是高階管理者，一旦投資者意識到自己在投資過程中的朋友和敵人，多能在一定程度上修正自己的錯誤，提升自己的投資績效。如果企業家、高管、監管者和政策制定者，也可以意識到投資過程中的敵人，有意識地幫助自己和他人克服投資過程中的敵人，應該也有助於管理好更多的企業和國民經濟。

如果本書能夠確實幫助到廣大的投資者，特別是成功的企業家和高階管理者，更清楚地意識到自己的成功經驗和過往績效，很可能就是自己在投資過程中最大的敵人，並且幫助監管者更好地理解經濟金融的本質，克服自身在制定政策過程中所面對的敵人，同時更好地幫助全球各國經濟金融體系成功平穩地轉型升級，幫助全球的企業家和投資者制定正確的投資管理決策，獲得合理的投資收益，就算是實現了筆者助力全球各國經濟發展、企業成長和家庭美滿的初衷。

01

不盡如人意的績效

即使高水平的機構投資者或企業，也會在投資過程中面臨
巨大的損失。投資者在考慮投資的時候，必須認識風險。
很多投資者之所以喜歡陰謀論或戰爭論，
是因為陰謀論或戰爭論可以成為投資失敗的藉口。

為了損失而投資？

2008年1月24日，法國第二大上市銀行——法國興業銀行（Société Générale，以下簡稱「法興銀行」）發布公告，稱其一名交易員的欺詐交易導致銀行蒙受49億歐元（當時約合71.6億美元）的交易損失。此消息一發布，世界為之譁然，法興銀行的股價隨之大跌，其所發行的債券也立即遭到信用評級機構降級。究竟是什麼交易，讓這家歷史悠久的著名金融機構在一夜之間遭受如此重大的損失？隨著事態的發展，人們逐漸瞭解到更多內情。「魔鬼交易員」傑宏‧柯維耶（Jérôme Kerviel）——期貨交易部門一位資歷尚淺的交易員，在交易歐洲股票期貨合約時，利用自己過去在後台的工作經驗，偽造了天量交易以繞開公司內部風險管理部門的監控。直到其累積的交易金額達到733億美元（遠超法興銀行當時526億美元的總市值），並由於市場大幅下滑而造成巨額的交易損失後，法興銀行才對他的交易行為有所瞭解。

數十億美元的交易損失，聽起來觸目驚心，但在國際投資界的歷史裡，這絕非個案。根據國際組織統計，過去二十多年內全球金融機構共發生過數十起損失超過一億美元的交易。其中，摩根士丹利（Morgan Stanley）在2008年全球金融危機中最大的一筆信用違約交換交易，直接造成公司虧損86億美元。2006年，美國知名對沖基金不凋之花顧問公司（Amaranth Advisor）在天

然氣衍生品市場上折戟，為交易失敗承擔了65億美元的巨額損失。1998年爆發的LTCM危機，使投資者損失了58億美元。1996年，日本住友商事株式會社（Sumitomo Corporation）在交易銅期貨時損失了34億美元。

中國企業在此過程中也無法獨善其身。2008年，中信泰富有限公司因為交易和澳元有關的複雜累積期權合約而損失18億美元，一度瀕臨破產，不得不尋求母公司中信集團的救助。2004年，中國航空油料集團（以下簡稱「中國航油」）新加坡公司，也因為交易石油合約而損失5.5億美元。

基金投資的損失

除了一般機構投資者的巨額虧損和散戶不知不覺造成的巨額虧損之外，即使非常有名的機構投資者或投資大師，也會在投資過程中犯下很大的錯誤。在1998年LTCM危機中，雖然公司的管理團隊中有兩位諾貝爾經濟學獎得主和多位名校教授，仍然在1998年東南亞金融危機到來後短短一個月的時間裡不僅遭受巨額虧損，還幾乎把全球金融體系拖垮。

此外，投資界大鱷索羅斯（George Soros）也在1987年的全球股災時，因為投資全球股指期貨而損失15億美元，進而導致這位全球「金融狙擊手」的財富和聲譽，在很長的一段時間裡都受到嚴重打擊。最近的例子是在2008年全球金融危機時，因大量賣空和房地產相關的CDO（擔保債務憑證）和CDS（信用違約交換）商品，

而獲利頗豐的美國對沖基金管理者約翰·保爾森（John Paulson）。他在2008年一舉為自己所管理的基金賺取兩百多億美元的收益，同時獲得70億美元左右的收入，成為對沖基金歷史上年收入最高的基金經理人。但是，隨著2013年黃金價格大跌，他所管理的基金在2013年4月的短短一個月裡，就虧損了10億美元。

除了基金管理者在二級市場上的損失之外，曾在國內紅得發紫的私募股權投資在其歷史上，也並不總是能夠給它們的投資者帶來驕人的收益。2007年，全球著名的私募股權基金科爾伯格－克拉維斯－羅伯茲集團（Kohlberg Kravis Roberts & Co., KKR）和德州太平洋集團（TPG）聯手收購了美國德克薩斯州能源公司（TXU），交易總額是438億美元，這是有史以來規模最大的私募股權收購案例。然而，由於KKR集團和TPG集團對於宏觀經濟與能源價格走勢的錯誤判斷，收購方過於自信地借了225億美元的天量債務來完成這次收購。結果，因債務壓力和業務提升速度緩慢，這項收購交易給收購方帶來了數十億美元的損失。同樣是在2007年，KKR集團以277億美元的價格，收購了電子支付公司第一資訊（First Data），又是因為收購方借用了天量的債務（230億美元），導致第一資訊公司在收購完成後的損失高達數十億美元，KKR集團的投資損失也輕易超過了10億美元。

除了對沖基金和私募股權基金之外，我們也看到，以美國加州公務員退休基金（CalPERS）為代表的美國很多公務員養老金體系，為了能夠獲得更高的收益，在

2008年金融危機之前將部分投資組合投入風險較高的權益類商品，以及私募股權和對沖基金等另類投資商品。在金融危機時，此類風險極高的投資，導致那些本該追求平穩安全投資的養老基金遭受了巨額損失，同時給這些養老金的長期保金支付能力造成極大的負面衝擊。

企業收購的損失

除了投資機構的投資損失之外，全球的各種企業其實也在透過不斷地收購、兼并、重組而進行大量的投資活動。在這一系列的投資活動中，很多企業也犯下了非常多的錯誤，並遭受了巨大的損失。

二十多年前的網際網路泡沫時期，就曾經發生過多起重大的兼并收購失敗案例。2000年發生在美國線上（America Online, AOL）和美國時代華納公司（Time Warner, Inc.）之間的合併案例，曾經造成了美國歷史上規模最大的公司合併損失。新興的、提供有線上網服務的AOL和時代華納合併之後，非但沒有幫助時代華納公司更好地進入互聯網時代，反而因為大量的資金浪費、人員流失和整個合併過程中存在的困難，阻礙了兩家公司的順利發展，以致時代華納公司不得不在十年之後，被迫剝離了合併時收購的AOL業務。

另外一起發生在網際網路泡沫時期的失敗收購案例，就是美國雅虎公司收購美國網路公司Broadcast.com的案例。Broadcast.com的創始人是馬克·庫班（Mark Cuban），現在是達拉斯獨行俠（Dallas Mavericks）的擁

有者。網際網路泡沫時期，雅虎公司運用自己的股票進行換股，收購了 Broadcast.com。當時整個交易估值大概為五十多億美元，但該交易的價值事後被外界估計只值一兩億美元。在收購完成之後，成功地把 Broadcast.com 賣出好價錢的馬克·庫班，因為認識到雅虎公司的股票被高估，所以馬上拋售自己獲得的所有雅虎公司的股票以鎖定收益。但很多跟隨庫班創業的 Broadcast.com 的員工，因為受網際網路泡沫的影響太大，遲遲不肯拋售雅虎的股票，最後白白放走了大筆原本可能獲得的收益。

還有一起非常有名的網際網路泡沫時期的經典收購失敗案例，就是西班牙泰瑞（Terra）網絡公司收購美國萊克斯（Lycos）公司一案。萊克斯公司是一家創立於網際網路泡沫時期的搜尋引擎公司，泰瑞網絡公司在 2000 年以 125 億美元的價格收購了萊克斯公司。但四年之後，當泰瑞公司將萊克斯公司賣掉時，卻只賣了 9,500 萬美元。從 125 億美元跌到不到當時收購價值的 1%，這是公司收購歷史上又一樁巨額損失事件。

近年一個比較有名的案例是：美國的惠普公司支付了 110 億美元，收購英國的一家數據分析公司 Autonomy。惠普在收購時，認為這家公司開展了很多非常有價值的數據分析業務，可以幫助惠普的工作進一步多元化，並且進一步推動惠普服務業的發展。但遺憾的是，在收購之後，惠普發現 Autonomy 公司的很多盈利都是虛構的，存在很多財務造假行為，甚至很多業務根本不存在。在整個交易完成之後的一年裡，惠普公司不得

不注入88億美元資金，其中有五十多億美元的損失是因為Autonomy公司在財務上的一些違規行為導致的。此外，還有一項很重要的損失來源，即惠普在收購過程中對Autonomy支付了過高的商譽。由於沒有具體業務的支持，Autonomy的商譽其實也沒有惠普最初想的那麼有價值。從這個角度來講，惠普公司進行了一個極其失敗的收購活動。由此看出，在兼并收購的過程中，無論是公司的高管，還是參與兼并收購的投資銀行和會計師事務所，都沒能盡到應有的調查責任。結果自然是兼并收購的失敗史中，又增加了一個令人難以置信的案例。

歷史上不乏巨型IT（資訊科技）公司的愚蠢收購案例。1991年，美國當時最大的電信公司——美國電話電報公司（AT&T）為了能夠進入電腦領域，花費70億美元收購了美國NCR公司，後來這椿收購以失敗告終。幾年之後，AT&T以40億美元的價格，出售了它當初收購的這部分資產。幾年的時間裡，AT&T的股東就損失了30億美元。此外，大名鼎鼎的美國微軟公司，在網際網路泡沫時期也犯過類似的錯誤。微軟在網際網路泡沫時期，花了六十多億美元收購了aQuantive公司。結果，該公司的技術很快就被證明無法有效地幫助微軟工作。收購之後兩年，微軟公司就決定放棄整個aQuantive業務，白白損失了六十多億美元。

隨著中國企業海外戰略的逐步展開，中國企業在海外收購中，其實也多次犯下國際企業在兼并收購中所犯的錯誤。2016年，中國超越日本，成為全球第二大對

外投資國。但是，根據國資委研究中心、商務部國際貿易經濟合作研究院發布的報告，中國「走出去」的企業中，僅有13％的企業盈利可觀，有24％的企業處於持平狀態，而超過半數企業的海外收購面臨虧損。該報告還指出，在中國企業的海外併購交易中，取得經濟效率和良好協同效應的僅有30％左右，如果再考慮跨境、跨文化整合等綜合因素，中國企業的海外收購，可能只有不到20％能夠真正成功。

根據美國哥倫比亞大學2012年的研究報告，中國企業為了成功奪得標的，常常報出高於目標公司正常市場價值的競標價格，這被海外併購行業冠以「中國溢價」的特殊標籤。2008年「中國溢價」的平均值僅為10％。到2011年，「中國溢價」躍升至近50％。到2012年，三峽集團收購葡電集團（EDP）的報價，相當於葡電股份當日股市收盤價加53.6％的溢價；中海油對加拿大尼克森（Nexen）的要約收購價，較尼克森的股價溢價61％，創造了「中國溢價」當年的紀錄。令人遺憾的是，即使在這樣「慷慨」的「中國溢價」之下，中國企業仍未能贏得賣方的青睞。2005年，中海油試圖併購美國優尼科（Unocal）石油公司；2009年，中海油競標澳大利亞高庚（Gorgon）液化天然氣；2009年，中鋁試圖併購力拓礦業集團（Rio Tinto Group）；在這些案例中，儘管中國企業都支付了高昂的「中國溢價」，但收購活動都以失敗告終。在中國企業成功完成的海外收購中，也存在著大量因為支付過高溢價、整合失敗，以及無法和當地監管與

勞工組織配合等重大問題。

透過前述這些案例可以看出，**政府、投資機構和企業的專業投資部門在進行投資的時候，也會因為各式各樣的原因，犯下各式各樣的錯誤，這些錯誤導致它們在投資過程中遭受巨額損失。**筆者希望利用本書，透過這些案例來提醒投資者：雖然散戶在投資過程中遭受了巨大的損失，但並非只是散戶會面臨投資損失，即使高水平的機構投資者或企業，也會在投資過程中面臨巨大的損失。因此，**風險和投資是相伴相生的，投資者在考慮投資的時候，必須認識到風險。**

誰是投資者的敵人？

除了投資過程中不可避免的風險之外，國內往往存在陰謀論和戰爭論的說法，這些人認為外國勢力對於中國持有極端敵視的態度，以中國政府、企業和投資者為假想敵，希望透過設計各式各樣的創新商品，透過操縱全球金融體系，利用銷售某些金融工具的方式，達到遏制中國經濟發展、阻礙中國企業國際化、摧毀中國人民財富的損人利己且見不得人的目的。

這些說法不僅非常有煽動性，而且流傳甚廣。但只要稍微想想，就會發現陰謀論和戰爭論的說法未必站得住腳。如果從更長的歷史發展趨勢來看，就會發現各個國家、各國的不同企業，以及各種不同性質的投資者，都曾經在投資過程中遭受巨大的投資損失。無論是散戶、企業，還是政府，都犯過錯誤、遭受過損失，這不

是中國獨有的現象，也不是中國一個國家的資本市場面臨的挑戰。過去十多年是中國經濟高速發展、財富高度積累的時期，這其間中國投資者的投資需求越來越旺盛、投資活動越來越頻繁，這也導致我們對於國內的投資者、企業和政府在投資過程中所遭受的損失特別關注。這無疑會引發一些人採取民族主義的看法來看待這個問題。

其實，如果綜觀更長的一段人類金融史和更廣闊的國際金融體系與資本市場，就會發現，很多國家的政府、企業、國際金融機構和散戶，也都曾經反覆出現在短期和長期之內遭受巨大損失的現象。美國眾多的投資銀行、商業銀行、保險公司等金融機構，在2007－2008年的全球金融危機裡，幾乎遭遇滅頂之災。有些公司的高管被趕下台，有些公司被其他公司收購，有些公司被政府接管，更有些公司不得不申請破產保護。由此來看，在貨幣戰爭和金融陰謀裡一敗塗地的，好像正是戰爭與陰謀的發起者，這似乎也和戰爭論、陰謀論的論據大相徑庭。所以，至少可以說，即使真的有陰謀和戰爭企圖，也並不一定是少數國家的少數投資者才有，而陰謀和戰爭的矛頭，也並不只是指向中國的政府、企業和投資者。

在進行國際比較之後，我們並不認為中國投資者所面臨的投資損失和投資錯誤是一種特別的陰謀或戰爭的後果。那麼，我們應該如何正確地理解全球金融體系裡的風險和全球金融體系變化對投資者所提出的挑戰呢？

掌握經濟、金融、投資的基本事實和知識，其實是投資者最需要做的事情。事實到底是什麼樣的？投資的收益可能有多大？投資的風險又有哪些？這些都是一個投資者必須考慮、也必須能夠回答的基本問題。投資者，特別是中國投資者，該如何面對損失？自己對於投資損失，應當承擔什麼責任？如何進行必要的學習和鍛鍊？這些都是投資者必須經歷的一個漫長、甚至痛苦的成長歷程。當看到中國企業和投資者在投資過程中遭受巨大損失時，我們是很痛心的。但是，我們同時希望，投資者在經歷損失帶來的痛苦之後，會對投資過程中與生俱來的風險有更清晰的認識，也能更加準確地把握和管理風險，避免在今後的投資過程中犯類似的錯誤。**如何看待風險、如何規避風險、如何提升自己駕馭和掌控風險的能力，這些是每個投資者必須學習的課程。**

陰謀論或戰爭論帶來了一個很大的問題，就是讓投資者產生了敵對心態：對投資敵對，對金融敵對，對其他投資者敵對，對國際資本市場和國際金融體系敵對。由於形成了敵對的心態，中國企業在和海外企業溝通的過程中，中國投資者在和海外投資者溝通的過程中，中國政府在和海外政府溝通的過程中，前者都可能採取某些先入為主、不開放的孤立態度，而這會影響中國投資者、中國企業、中國政府與國際投資者、國際投資界、各國政府的交流。

只有透過更坦誠、更透澈的交流，投資者才有可能做一些雙贏的項目，各國政府才能提出建立新的全球金

融秩序的思路，幫助全世界的國家和人民獲得更多利益，同時規避全球金融系統的風險。只有增加溝通，才可能減少國家之間在貿易或投資過程中的摩擦，減少對資本流動的限制，也才能更好地引進比較成熟先進的投資理念和投資工具。這對於開放中國的資本市場、促進資本流動，同時提升人民幣在全球金融體系中的地位，促進全球金融體系的重建和全球金融秩序的重塑，都會有所幫助。這種開放的心態和溝通的姿態，對於中國整個金融體系的發展非常重要。反之，如果我們採取陰謀論或戰爭論的態度，便會下意識地關閉溝通管道與合作方式，也會阻礙中國經濟和金融進一步融入全球經濟和金融體系的進程。

陰謀論和戰爭論還存在一個很大的問題：如果我們把自己的所有投資損失或面臨的風險，都歸咎於敵對勢力的陰謀或敵對勢力妄圖挑起戰爭，就會降低我們的投資者、企業、政府機關對風險防禦的意識，同時降低這些群體對於投資的關注度。如果我們的投資者覺得不管自己做什麼，都是被別人算計，或者都是被別人設計的陰謀控制，那麼無論是個人投資者、企業投資者，還是政府投資者，都會覺得自己不用對投資或投資損失負責。只要出現風險和損失，就會將其歸咎於國外敵對勢力的惡意中傷或陰謀算計。如果情況真是這樣，投資者就不會對金融的本質、投資的原理、風險的來源、收益和風險之間的權衡給予高度關注。

在此前提下，投資者反而會對自己的投資決定不負

責任。如果我們在用自己的資金進行投資時，都不能對自己的行為負責，不能對風險進行盡職調查，不能對損失或危害因素有充分的理解與規避，那麼我們的投資當然不能帶來很好的收益，甚至會遭受重大的損失。從這個意義來說，很多投資者喜歡陰謀論或戰爭論的內在原因恰恰在於：陰謀論或戰爭論可以使他們心安理得地推脫自己投資損失的錯誤與責任。這樣的行為對提升自己的財富與投資組合的收益，沒有任何幫助。

這一點恰恰是筆者希望能夠幫助投資者意識到的問題。無論是誰的陰謀，無論是誰發起的戰爭，只要自己能夠進行充分的防禦和準備，我們就可以對自己的投資真正負責，至少可以保證自己的本金不受損失。同時，我們的投資者可以在資產保值的基礎上，與其他國際投資者或多元化的投資者合作，共同獲得投資回報和收益。**筆者希望透過這本書，扭轉一些人對於金融和投資的神祕化、妖魔化、戰爭化的看法，能夠幫助投資者（無論是個人投資者、企業還是政府），更好地把握現代金融的理念，增強投資和風險意識，以達到提高金融決策能力和提升投資收益的目的。**

企業家：特別而又普通的投資者

廣大投資者，尤其是散戶，蒙受損失的一個重要原因，是其自身的行為偏誤和投資錯誤。很多散戶身上的偏誤，都和他們的過度自信有關。散戶對於信息的準確性、自己的投資能力、自己真實的投資收益的判斷，都

有過度自信的傾向，這使得散戶的交易過於頻繁，收益卻不盡如人意。

那麼，面對自身的行為偏誤，公司高管又做得怎麼樣呢？一方面，企業家和公司高管大多是過五關斬六將，從公司基層做起來的。他們不但對公司的情況非常瞭解，而且在成為公司高管之前已經歷無數磨煉，因此對於決策過程非常熟悉，也非常明白自己要達到的目標。另一方面，古語有云：「人非聖賢，孰能無過」，CEO當然也不例外。其實，由於CEO的特殊地位，他們過度自信的程度和傾向，很可能比起散戶有過之而無不及。本書透過總結大量研究說明，雖然企業家和公司高管比普通投資者的金融素養與投資經驗都豐富很多，但其成功經歷反而可能成為其過度自信和草率行事的直接原因。

值得指出的是，雖然公司高管和很多其他投資者一樣，會表現出一些行為上的偏誤，或者過度自信，但與此同時，公司高管和普通的投資者相比，還是有很多的優勢的。首先，公司高管確實在專業知識方面，比一般投資者具有明顯優勢。例如，高科技企業的高管對高科技企業的技術和營利能力，以及產業今後的發展，都有比較清晰的分析和看法。其次，公司高管和一般投資者相比還有一個很大的優勢——可以直接控制公司，對於公司的整體運作等，擁有更大的掌控力和影響力。

正因為如此，公司高管在很多時候，會利用自己對於公司的掌控，達到個人利益和收入最大化的目的，而

非全體股東長期利益和收入最大化的目的。過去幾十年，發展迅速的上市公司的高管薪酬快速上漲，在職消費明顯提升，以及其管理的企業的投資風險逐步增大等現象，其實都是上市公司高級管理人員透過對上市公司的實際控制，達到提升自己的財富和收入，而讓股東買單的結果。這一發展趨勢，既值得很多上市公司的大股東和董事會思考，也值得廣大二級市場的機構投資者和個人投資者高度關注。

公司高管除了透過高薪和在職消費給自己提供滿足感之外，還有一個巨大的優勢，就是他們更加熟悉資本市場的運作。相比之下，散戶對於資本市場和資本運作並不十分瞭解，因此高管可以利用他們的資訊優勢和熟悉公司進行相關運作，透過上市發行新股、發行債券、回購公司股票、高送轉和分拆股票，以及更改公司名稱等方式提升公司市值。這種運作很多是短期策略性的行為，能夠達到在短期內吸引投資者眼球，或者滿足投資者心理的訴求。與此同時，高管進行資本運作的最終目的，是提升公司在投資者心目中的地位和受歡迎程度，並最終提升股價。遺憾的是，這些短期資本運作手段，雖然確實可以在短期提升公司的股價，但有時短期的股價上漲會影響公司的長期發展和股東利益，更會影響廣大散戶在中長期的投資收益。

由此可見，企業家和公司高管是一群既特別又普通的投資者。之所以說他們「特別」，是因為他們具有豐富的管理經驗和投資經驗，對於企業和投資都有自己獨

到的見解與看法。同時，他們透過控制企業，在和資本市場與投資者互動時，處於相對主導和強勢的地位。

　　大量研究也表明，正如廣大投資者難以擺脫「動物精神」的影響一樣，廣大企業家和企業高級管理人員也是鮮活、有血有肉的人，也會犯很多其他投資者都會犯的錯。此外，很多企業家雖然在自己的領域是專家和內行，但是在自己的企業和行業之外，可能和普通的散戶沒有什麼區別。而且，正是因為其管理經驗和驕人的績效，很多管理者反而更加自信，更加漠視自身的偏誤和局限，犯一些甚至連普通散戶都不會犯的錯誤。本書的一個主要目的，就是幫助這些特別而又普通的投資者，意識到自身的優勢和不足，進而改善投資決策，提升自己和自己管理的企業的投資績效。

行為金融與投資者的朋友

　　投資者為什麼會蒙受損失？歸根結底是因為市場的波動。但正如凱因斯（John Maynard Keynes）所說，關於股票市場，我們唯一有絕對把握的，就是它會波動。股市不僅波動，而且波動的幅度遠遠大於基本面的波動所能解釋的幅度。根據2013年諾貝爾經濟學獎得主、耶魯大學羅伯·席勒（Robert J. Shiller）教授的研究，美國股市的估值相對於基本面而言波動率巨大。在1970年美國經濟出現滯脹、股市大幅下跌之前，整個股市的估值和基本面的估值相比，幾乎高出100％。而在1929年股市崩盤和1930年代經濟大蕭條時期，美國股市的估值比

基本面的估值要低30％左右。資產價格的大幅度波動，本身就在一定程度上解釋了為什麼美國股市在1970年會出現大熊市，也解釋了為什麼在2008年9～10月美國股市會在短短兩個月裡下跌50％。

看看我們的日常生活，大家都覺得整個社會還是消耗這麼多食物，還是住這麼多房子，還是買這麼多汽車，很難理解為什麼股市會出現這麼大的波動。究其原因，這在很大程度上與全球經濟的泡沫擴張和經濟危機有緊密關聯。經濟泡沫或資本市場泡沫，是自資本市場出現之後一個普遍存在的現象。那麼經濟泡沫為什麼會形成？經濟學家到現在也沒有一個完全準確的解釋。正是因為經濟學家對於經濟週期和經濟泡沫沒有完全準確的解釋，才導致經濟危機和泡沫的頻率在過去二、三十年裡不是越來越低，而是越來越高。從1980年代開始，1987年爆發全球範圍的股災，1990年爆發美國儲貸協會危機（Savings and Loan Crisis），也就是小型房地產危機，1997－1998年爆發拉美和亞洲金融危機，1998－2000年爆發網際網路泡沫危機，然後是2008年由美國房地產引發的全球金融危機和2009年的歐洲主權債務危機。在過去的三、四十年裡，全球經濟每過四、五年就有一次危機。**為什麼我們會有這麼多的泡沫？恰恰是因為投資者的貪婪和恐懼；換句話說，投資者的「動物精神」，製造了一個又一個泡沫。**

正是由於傳統經濟學對於個人、廠商和投資者完全理性的假設，以及建立在這種假設之上的新古典經濟理

論對於這些經濟和金融市場中的重大問題難以提供很好的解釋，催生了行為經濟學和行為金融學在過去數十年的爆發式發展。

自1970年代以來，丹尼爾・康納曼（Daniel Kahneman）、阿莫斯・特沃斯基（Amos Tversky）、弗農・史密斯（Vernon L. Smith）、理查・塞勒（Richard H. Thaler）、羅伯・席勒等學者，開始在各自的領域裡對決策者的理性行為假設提出了質疑。這種質疑，直接反映了經濟學和金融學進一步借鑑其他學科的研究進展的強烈要求，以及其他社會科學推動經濟學和金融學進一步發展的巨大貢獻。行為經濟學和行為金融學的成功，在很大程度上得益於經濟金融理論與心理學的緊密結合。

心理學研究對行為經濟學和行為金融學的一項重要啟發，就是經濟人在決策制定過程中會表現出一些系統性偏差。這些偏差會影響經濟系統中的所有參與者，也會影響資本市場裡的所有投資者。從宏觀層面來講，市場參與者的非理性有可能帶來經濟週期和經濟危機；從微觀層面來講，投資者和金融機構的非理性，有可能帶來投資領域的泡沫和崩盤。人類行為——這一亞當・斯密（Adam Smith）非常看重的經濟學核心問題，因為行為經濟學和行為金融學的發展，又回到了經濟和金融研究的主要視域。

在行為經濟學發展了一段時間之後，現代金融學也開始對資本市場中的決策者在決策過程中的非完全理性行為給予關注，從而促成了行為金融學領域在過去數十

年的爆發式發展。透過資本市場提供的豐富數據和案例，行為金融學在過去一段時間對經濟學、社會學、心理學和法理學也做出了重大貢獻。

行為金融研究表明，散戶、機構投資者、上市公司、私營企業、政府機關和監管機構，都會受不同行為偏誤的影響，也在金融和投資決策中暴露出不同的局限性和錯誤。因此，如何面對個人和機構的行為偏誤，以便修正錯誤、改善金融決策，提升決策質量和投資收益，就成為行為金融研究可以對廣大投資者、企業管理者、市場監管者和政府機構做出的一項重要貢獻。

作為一名行為金融學者，筆者希望透過本書，幫助各類投資者更好地認識和瞭解自己、更好地瞭解金融和投資，以及企業經營背後資本市場與公司金融的原則和原理。投資者只有更好地瞭解自己，瞭解自身行為和決策的誤區與局限性，瞭解自己在投資過程中面臨的不同風險和挑戰，才可能有效地改善投資決策、提升投資績效。投資界有句老話——投資者最大的敵人是貪婪和恐懼，筆者覺得這可能不僅反映了普通散戶的心理，也反映了企業家和企業高層管理者在企業管理與投資過程中普遍存在的誤區，即對自己和投資的瞭解普遍缺失。因此，筆者希望透過本書和廣大讀者，特別是企業管理者和政策制定者，分享行為金融學在全球取得的研究成果，並把這些全球性研究成果和中國的實際情況相結合，提出一些建議，以幫助大中華的企業家、政策制定者和廣大投資者更好地認識自己，更好地認識自己的投

資理念、投資策略和投資誤區，從而獲得更好的投資
收益。

02

馬多夫的教訓

投資者一定要盡可能瞭解投資對象，意識到投資存在風險。
風險可以是別人的風險，但財富是自己的財富。
無論預期收益如何誘人，投資者一定要提升風險意識，
對於高風險的商品，應淺嘗輒止，多元投資。

　　2008年秋，全球正深陷金融危機。某天，媒體突然爆出一則消息——美國出現了資產管理行業歷史上規模最大的欺詐案件。這一案件，再一次提醒世人，機構投資者並不永遠是投資者的朋友。即使在相對簡單、相對透明的資產管理行業的買方機構中，因為市場的風險與波動，機構投資者的職業操守和專業水平，以及資訊的不對稱和投資者技巧與風險意識的缺乏，也可能引發重大的投資損失，並給投資者帶來不堪承受的結果。

　　這一案件的當事人馬多夫，當時是一位七十歲風度翩翩、文質彬彬的老者。從1960年代起，他一直從事資本管理工作，在業界頗有影響力。馬多夫最早是造市商，為早期在納斯達克上市的科技股，像微軟、蘋果、網景這樣的公司提供流動性，幫助它們交易。他不僅在商界做得很好，也熱中於社會活動和公益事業，是納斯達克股票市場公司的前董事會主席，相當於交易所董事長的級別，還擔任過美國證監會顧問等備受尊敬的職位。

　　馬多夫從1960年代開始，就成立了投資證券公司，提供經紀業務。後來，他申請了代客理財的牌照，專門為高端客戶提供資產管理服務。

　　美國在經歷1929－1933年的大蕭條之後，發現本國金融管制和金融系統很不健全，於是通過了幾項重要法案，其中有著名的《1934年證券交易法》（Securities Exchange Act of 1934，以下簡稱《證券交易法》）。在此基礎上，美國還創立了美國證券交易委員會（證監會）。《證券交易法》監管的是證券交易行為，例如：

必須披露信息，不能操縱股價，不能發布虛假或有欺詐行為的信息等。此外，美國於1940年還通過了一項法律——《投資公司法》，相當於中國的《證券投資基金法》，規定了如果為別人理財，需要什麼資質、需要披露什麼信息，以及可以做和不可以做的事情。舉例來說，在美國，基金公司不可以買5美元以下的股票，也不能買信用評級BBB以下的垃圾債券，因為它們可能是小型股或垃圾股。

馬多夫做了什麼壞事呢？他在2008年的聖誕節前夕告訴他的兩個兒子，自己的生活其實是一個巨大的謊言，他其實一無所有。他在過去二十多年，一共吸收了六百多億美元資金，但是只進行了不超過20次的交易。他的這種行徑令人吃驚，他拿了投資人的錢，卻根本沒有進行投資。這和中國的吳英案還有所不同，吳英把資金吸進來後，至少還進行了投資，甚至是不錯的投資，投資的很多資產都升值了。而馬多夫先生吸收了六百多億美元，相當於今天的四千多億人民幣，比中國最大的公募基金的規模還大，放在手裡二十多年卻什麼都沒幹。一個人怎麼可能在二十多年間吸收了六百多億美元，但一直沒有被揭露呢？

醜聞曝光後，美國證券交易委員會和司法部對馬多夫提起訴訟。結果，馬多夫被判了150年有期徒刑。在他公司工作的員工，大多是他的親戚（兄弟、侄子等），他們也都被判了不同刑期的監禁。麻薩諸塞州、康乃狄克州、紐約州都對馬多夫提起了集體民事訴訟，

追究商業賠償，一共向他索賠幾十億美元。但他已將錢以投資分紅的方式還給了原來的投資者，已身無分文。大多數受牽連的投資者從那六百多億美元的基金裡，只能拿回10％左右。

此外，多家歐洲大型銀行、美國著名大學的校友捐贈基金和社會知名人士，都遭受了沉重的財務打擊。還有一些人不僅損失了財富，還搭上了自己的性命。有兩個母基金管理人把很多資金投在了馬多夫的基金裡，而醜聞讓他們損失了絕大部分的資金，他們無法面對自己的投資者，因而選擇自殺，結束了自己的生命。

從投資者、基金管理者、監管者的角度來看，怎麼會讓這麼大規模的欺詐事件在最發達的西方資本主義國家持續了二、三十年？無論是美國證券交易委員會系統，還是國會，都覺得出現這種情況不可理解，也不可容忍。

在眾多非法集資案中，人們或多或少聽過「龐氏騙局」（Ponzi scheme）的說法。這是一種最古老、最常見的融資詐騙手法，在很大程度上與泡沫緊密關聯。由於人們沒有遵守最基本的投資理念或原則，泡沫就產生了。

「龐氏騙局」的名稱，源自移居美國一個叫查爾斯·龐茲（Charles Ponzi）的義大利詐騙商人，此人雖然看起來其貌不揚、前科累累，但是在波士頓卻讓數萬人上當，詐騙損失金額高達約2,000萬美元（1920年代，相當於約現代的2.2億美元），這個騙局的核心手段就是挖東牆補西牆、借新債還舊債。

同理，為什麼人們願意把錢投給馬多夫？因為他承諾較高的收益率。對馬多夫而言，只要資金鏈不斷，就可以用後面投資者的錢還給前面的投資者。只要後面的投資者足夠多，馬多夫就可以在不做任何投資、也不獲得任何投資收益的情況下，源源不斷地吸收新的資金，同時給現有的投資者提供豐厚的投資回報。在1720年英國南海泡沫事件的時候，南海公司做的，其實是同樣的事情。第一次發行股票時每股200英鎊，第二次發行股票時每股300英鎊，第三次發行股票時每股400英鎊，最後達到每股950英鎊，同時許諾給這些投資者30％的收益率，所以英國最有錢的人和像牛頓這樣聰明的人都忍不住投身其中。歷史是如此驚人地相似。

無論在國內，還是國外，無論是發達國家，還是發展中國家，為什麼投資者一次又一次地落入龐氏騙局？貪婪是一個主要原因。看到30％的收益率，很多人難以拒絕這種誘惑。美國之前也爆發過多次龐氏騙局，為什麼馬多夫還能夠成功地行騙二、三十年？他最大的創新之處在於，和之前的各種龐氏騙局大肆宣揚自己的高收益不同，他非常聰明地號稱自己業績一般，但有非常豐富的投資經驗和良好的投資策略，能夠保證績效穩定，即每年獲得10％～15％的收益。

回顧過去二、三十年，為什麼另類投資，無論是PE（私募股權投資）、VC（創業投資），還是對沖基金、信託理財的發展速度，都比傳統意義上的資產管理和公募基金快很多？這在很大程度上就是因為另類投資對於

風險的掌控能力，能夠幫助投資者獲得更穩定的投資收益。人類規避損失的行為方式，決定了有錢人有錢之後必然先想守富再想繼續創富。由於人類的思維定式，很多高淨值人群在投資的時候，首先考慮的是保護自己，不喪失自己的財富和美好的生活，因此會把投資收益的穩定性和規避損失放在首要位置。

作為傳統投資，中國 A 股市場的年化收益率在 18％左右，但是年化波動率為 45％；也就是說，投資者承受損失的可能性很大。與此同時，社會上有很多理財商品和信託計劃，雖然年化收益率只有 8％，但是較為安全，對某些投資者而言，無疑是極具吸引力的。人生不同階段的風險偏好也有所不同，年輕的時候願意多冒點兒險、多賺點兒錢，等到事業有成、有了一定財富之後，投資收益稍微多一點兒或少一點兒，都遠不如保住現有財富和生活方式重要。

正因為洞悉了投資者的偏好，馬多夫在二、三十年裡成功地宣傳了自己的基金。其一，他給人的印象是不缺錢。不像有些人著急吸收投資，他從不急於向別人介紹自己的策略或誇耀業績，直到別人問起他是做什麼工作的，他才回答是做投資的，然後才談談業績情況。其二，他非常願意做慈善工作。在猶太人的圈子裡，他把自己打造成一個受人尊敬的慈善家，讓很多人好奇他的主業。可以說，他是利用了自己的慈善家形象來宣傳自己的投資業務的。其三，他也成功地掌握了蘋果電腦的「飢餓行銷」策略。在馬多夫東窗事發之前十年左右，

他很少向自己的投資者要錢。同時，如果有投資者想把錢交給他投資，他一般會說因為業績太好、管理規模已經很大，現有商品已經關閉。這種「飢餓行銷」策略在投資界看來很有效果，很多投資者都是在爭取了多次之後，才成功把資金投入馬多夫的基金或母基金。由此可見，很多投資者在考慮投資時，對基本的投資策略和收益並不那麼關心，倒是更加關注基金管理者的形象和社會地位。

無獨有偶，艾倫・史丹福（Allen Stanford）的欺詐交易與馬多夫十分類似。為什麼這種欺詐行為會集中在一段時間暴露？由於2008－2009年的全球金融危機，導致資產價格大幅下跌、流動性枯竭，這些騙局才被拆穿。巴菲特曾在網際網路泡沫破裂後說過一句經典名言：「只有在退潮時，才知道誰在裸泳。」當中國貨幣供應量以每年12％的速度增長的時候，大家都是非常有水平的投資者，都能獲得不錯的收益。等到有一天，當中國的貨幣供應量增長速度低於10％的時候，才能看出哪些投資者對於風險和經濟走向有更加深刻、準確的理解與判斷。

接下來，筆者就馬多夫的證券欺詐醜聞，從風險管理的幾個不同角度，探討一下在美國相對成熟的資本市場裡發生醜聞，並且持續二、三十年的原因。其間，馬多夫交易次數有限，卻吸引了越來越多的客戶和資金，為什麼會出現這種情況？

監管的缺失

馬多夫事件首先折射出監管的漏洞。在美國，證券投資欺詐並不是什麼新鮮事。1929年大蕭條開始的時候，就出現了許多不同形式的證券欺詐行為。為了遏制這種大規模的證券欺詐行為，美國在1933年推出了幾部法案，在全球都具有劃時代的意義，包括之前說的《證券交易法》、《投資公司法》，另外還成立了美國證券交易委員會，以期達到保護投資者利益的目的。

在社會變化的前提下，監管層更關注可以影響大眾生活的投資商品，比如公共發售商品（公募基金）。如果機構向社會大眾發售商品，就必須受到監管。為了保障廣大不大具備金融知識的投資者的利益，在投資的時候，公募基金必須面對各式各樣的限制，例如：投資股票的價格、投資債券的信用評級、不能進行大量的融資融券和衍生商品交易等等。同時，公募基金必須及時、準確地向監管層披露整個投資策略和投資風險。

即便這樣嚴格的監管體系，也有一個故意且明顯的缺口，留給提供另類投資（對沖基金、私募股權基金、高淨值人群的私人投資辦公室）的管理公司。在美國，對於面對少數高淨值人群和機構投資者的私募投資商品與公司，並沒有清晰的信息披露或風險管理要求。由於私募基金會採取一些隱祕的交易策略，其運作往往在監管層的監管範圍之外。這也是為什麼私募基金（例如，1998年爆發的LTCM危機）時常會引發金融市場的動

蕩。在馬多夫醜聞爆出之後，美國國會和證券交易委員會要求新成立的私募基金，必須在美國證券交易委員會備案，披露重要的信息。但是，那些已經存在的，而且不再向社會吸收新的資金的私募基金公司，仍然不受新立法的限制和要求。正因為監管環境相對寬泛和保護隱私，對沖基金領域才時常出現欺詐投資者的醜聞。監管層對於關鍵信息沒有提出強制性的披露要求，這給馬多夫之流留下了鑽空子的機會。

馬多夫事件對於中國的《證券投資基金法》是否該把PE和VC納入監管範圍，有非常重要的經濟與法律的借鑑意義。把對沖基金和私募股權基金納入嚴格意義上的監管體系有很大的好處。比如，法律要求每三個月要把持倉信息向監管部門披露，包括對沖基金的策略、倉位、頭寸和風險，這樣便有利於保證投資者的收益、金融市場的穩定，也有利於保證投資者的利益不會受到侵犯。

但是，這種披露要求，也會給社會帶來成本和風險。如果要求對沖基金公布交易策略和操作信息，就有可能導致基金的核心競爭力流失，可能有越來越多的基金參考其策略，導致這家基金逐漸不能獲得優異的業績。而等到市場上所有基金都掌握了這一策略之後，該基金的優勢基本上就沒有了，對沖基金這個行業也有可能逐漸衰敗。

在筆者看來，監管和金融創新是一枚硬幣的兩面。如果監管層對私募基金提出和對公募基金同樣的監管要求，直接的後果就是私募基金的業績和風險也會越來

像公募基金，整個社會、所有投資者就會失去寶貴的分散風險和獲取更高收益的機會，所以加強監管並非一勞永逸的靈丹妙藥，必須巧妙地把握創新和風險管理之間的平衡。

鑒於人們漸漸認為，以對沖基金和私募股權基金為代表的另類投資，是一種與股票、債券走勢不同的資產類別，它們可以有效地幫助一些投資者分散系統性風險，所以必要的信息披露是毋庸置疑的。但是，具體什麼信息必須披露、披露到什麼程度，信息披露的頻率和保密程度，都必須慎重決定。否則，有可能不僅無法幫助投資者規避風險，反而會強迫投資者承擔更多的系統性風險。

貓和老鼠

監管層和市場參與者一直在玩貓和老鼠的遊戲。監管層如同貓，市場參與者就像老鼠。別看老鼠體積小，牠也有很多的優勢。具體而言，和商業機構相比，監管層有三個明顯的劣勢或局限性。

第一，政府機關並非以實現利潤最大化為主要目的，這導致政府機關在運作的時候，無論是從效率還是動機來講，都不像商業機構那麼強烈。商業機構可以請最好的人、付最高的薪資、用最快的速度解決問題，同時可以把需要隱藏的一些不良資產，透過較高深的會計制度，比如像蘋果公司在海外發行的債券一樣，進行比較好的處理。但是由於政府機關的資源相對比較緊張，

且整個運行機制受到的約束相對較多，因而在這場遊戲中，政府機關總是相對處於劣勢的地位。

第二，從資源上來講，政府機關和私營企業不可同日而語，至少在海外市場如此。私營企業無論工作環境、薪酬，還是人員培養和投入都超過政府機關。於是，競爭的時候，政府機關往往處於劣勢的地位。還有很多優秀的人會先到政府部門工作，在建立人脈、獲取資源和經驗之後，轉身進入私營企業，提升自己的收入。他們對政府機關的運作方式非常瞭解，並且能在私營企業的營運過程中活學活用。

第三，在信息方面，政府機關和私營機構相比，處於相對劣勢的地位。很多公務員可能放棄政府工作進入企業，幫助企業更好地瞭解政府機關的運作方式，但是少有私營企業的員工放棄比較高的薪水到政府機關工作，因此政府機關不能清楚地瞭解在商業機構裡面究竟發生了什麼。

這三項劣勢，解釋了為什麼政府在監管商業機構的時候，往往力不從心。

公司治理

當然，即使在這樣一個監管框架下，馬多夫能把自己的投資歷程持續了二、三十多年，也並非易事。歷史上，美國紐約州的州立律師和馬多夫的一些投資者，曾經不止一次向監管層提出各式各樣的質疑，認為馬多夫的投資收益有不可信的地方，希望監管層對馬多夫進行

調查。那麼馬多夫是怎麼繞過這些調查，為什麼沒有被監管層發現呢？無論是紐約州政府，還是美國證券交易委員會都曾經對馬多夫進行過多次調查。美國證券交易委員會主要的解釋是：人力有限，在這家以律師為主（80％的人都是律師）的機構，如果用現有人力調查上市公司，那麼連10％的上市公司都調查不了。所以，人力的缺乏，就導致了一個最致命的問題——沒有一個監管人員真正去過馬多夫的公司。監管人員如果去實地調查一下，就會發現馬多夫的保險箱裡，只有很少的交易紀錄，他的辦公室相當乾淨，據說僅有幾台電腦和一個保險櫃，保險櫃裡只有幾張紙，其他什麼東西也沒有。如果實地調查一下，可能就會發現這個問題，但是沒有人問這個最簡單的問題：「你的錢在哪兒？」

還有就是缺乏公司治理。馬多夫的兩個兒子、弟弟，以及他的侄兒都在他的公司工作，他的弟弟是首席法律顧問，所以整間公司基本就是一個家族企業，沒有任何主營業務，無所謂誰來監督他，也沒有誰會揭發他。也就是說，沒有「吹哨者」。

美國曾通過《吹哨者法案》，「吹哨者」就是公司內部的告發者。比如，公司內部的工作人員如果告發了這家公司的違法行為，可能會受到公司各式各樣的打壓，會遭到解雇，受到公司的報復。所以法律規定，如果公司內部有人「吹哨子」，引起人們對於某種違法行為的關注，政府將擔保告發者避免受到一切人身或財務上的風險和危害。如果有投資者因為告發行為發起集體訴訟，

公司在此基礎上進行賠付之後，吹哨者會拿到賠付總額的一定比例，這是對其勇敢行為的一種獎勵。但是，對於馬多夫公司這種小規模的家族企業來說，不會出現這種情況，因為它完完全全就是一個家族企業，所以沒有治理上的制衡和保護。既沒有外部的專業經理人，也沒有「吹哨子的人」，難怪欺詐行為會持續這麼久。

審計的缺失

每年，審計部門至少應該向投資者提供一份經過審計的報告。馬多夫對法律非常熟悉，畢竟他曾任納斯達克公司的董事會主席，肯定是知法的。於是，他找了一家極小的審計師事務所，該事務所只有三名員工：一個人78歲了，常年住在佛羅里達州，已退休；一個人是祕書；一個人做審計。這家公司記錄在案的數據顯示，其15年沒有做過審計業務，但願意給馬多夫蓋這個章。

雖說審計師是投資者的「看門狗」，尤其對上市公司來說，審計至關重要，但是無論在國外，還是在國內的審計報告裡，都有一個趨勢，即審計師給予公司的支持報告和華爾街分析師給予的推薦報告一樣，都是越來越多，而與公司管理層意見不一致的情況越來越少。

這主要還是利益的驅使。越來越多的會計師事務所在權衡自己的會計報告的公允性和商務需求時，經常面臨痛苦的抉擇。上市公司或被審計公司只給事務所一條路，如果不按他們的說法去做，就要換一家會計師事務所。所以，審計不只是提供公正的第三方信息，也是一

種商業服務。從這個角度來說，無論是審計的標準，還是信息披露的標準，全球都存在競爭，這樣才能獲得更多的業務，但要以犧牲廣大投資者的利益和企業的長期聲譽與商業價值為代價。在2007－2008年全球金融危機之前，全球三大信用評級機構給予大量有毒資產和持有有毒資產的金融機構AAA級的最優信用評價。這些信用評價，不但最終摧毀了大量金融機構和股東的財富，也幾乎摧毀了這些評級機構過去一個世紀以來建立的聲譽和全球金融體系。可見，這不只是中國市場中存在的問題，在全球範圍也普遍存在。

瞭解世界的金融市場和金融體系確實重要，因為可以幫助我們瞭解哪些情況和趨勢是國內獨有的、哪些情況和趨勢是全球共存的。至於背後的原因和驅動力，有些可能是共性的，是全球經濟和科技進步帶來的趨勢。與此同時，瞭解哪些情況和趨勢與具體的政策、法規及國情有關，正確對待全球和自身的挑戰與問題，有利於我們更準確地看待自身發展所經歷的特殊階段，解決當前面臨的問題。

母基金的推波助瀾

基金公司通常不會主動銷售自己的商品，而是透過私人銀行、財富管理公司或一些中介機構提供基金銷售服務，這些中介機構有時可以幫助投資者買到平時買不到的基金。在美國，像著名的索羅斯的基金、SAC基金（也曾因內幕交易被調查）、文藝復興基金，常年對普通

投資者不開放，只有和這些基金長期合作的母基金可以繼續投資，所以民眾可以透過一些母基金進行投資。當然，這項服務並不是免費的，往往會向投資人收取1%的管理費和10%的業績提成。

當時，對專門給馬多夫的基金提供資金的母基金有許多報導，甚至比對馬多夫本人的報導還多，其中最著名的就是母基金費爾菲爾德‧格林威治集團（Fairfield Greenwich Group）。該集團位於美國康乃狄克州南部，所在地區的平均家庭收入是美國最高的。格林威治集團專門做高淨值的財富管理業務，公司的負責人沃爾特‧諾埃爾（Walter Noel）原來在花旗銀行工作，他的太太來自一個顯赫的瑞士家族。公司只有一個合夥人，曾經在美國證券交易委員會調查部門工作。該公司的主要工作基本上由沃爾特掌控。沃爾特夫婦五個美麗的女兒，都嫁給了世界不同大陸上聲名顯赫的成功人士，他們共同創立了多支幫助投資者投資的母基金。那麼，格林威治集團在經過一番「調查」之後，會決定投資哪支基金呢？正是馬多夫掌管的基金。這家公司較早地投資了馬多夫的基金，兩者關係良好。隨著馬多夫在行業內的口碑越來越好，大家都想把錢投到他的基金裡，在別處買不到，便只能透過母基金投資馬多夫的基金。

母基金本身並不做任何基金管理和投資業務，它的主要職責有兩項：第一，提供資金，把投資者的錢投到想投的公司；第二，對這些基金進行監管、調查、分析，向客戶推薦應該購買的基金。對於這兩種服務，母

基金往往要徵收1％的管理費和10％的業績提成；如果一個高淨值的投資者透過一支母基金投資給一間基金管理公司或私募基金，要支付3％～30％的費用。所以，私募基金再怎麼有吸引力，扣除交易管理費用和交易費用之後的淨收益，與原來的總收益之間往往有很大的差距。淨收益才是投資者真正獲得的收益，其他的就都拱手送給華爾街了。美國曾有一項學術研究，透過一個很複雜的數學模型證明，如果時間足夠長，全世界的財富都會流到華爾街，因為所有人的錢都會讓它去管理，雁過拔毛，最後所有的錢就會流向金融行業。

沃爾特家族給馬多夫提供了多少錢呢？在馬多夫六百多億美元的資金中，這家管理公司提供了150億美元。雖然馬多夫非常低調謙和，但是沃爾特家族在美國康乃狄克州南部是社會名流，經常舉辦奢華的派對，融入當地社交生活。可見，金融欺詐犯罪往往不是特別高調，就是特別低調，這兩點在馬多夫的案例中都有所展現。

投資者的風險意識

對於前十年將資金投入馬多夫基金的人來說，每年10％～15％的收益率，每6年翻一番，每12年翻兩番，一美元變成四美元，自然是快事一樁。但是作為投資者，一定要保證自己不是最後一個接棒的人，因為最後一個接棒的人，不但可能無法獲得任何收益，甚至連本金都可能收不回來。法院在清算馬多夫的資產後發現，最後

兩年投資馬多夫基金的人，只能拿回10％左右的本金。

這又回到前面談到的投資風險和泡沫形成的問題。如果投資者不知道收益從何而來，不知道泡沫在什麼時候會破裂，那麼是否投資某項資產或什麼時候斬倉出場在很大程度上就取決於個人的風險偏好。**如果知道泡沫遲早會破裂，但沒人知道是今天、還是明天，大家就應該採取逆向思維，即如果我覺得它一年後會破產，我半年之後就要把錢拿出來；如果半年後要破產，我現在就要把錢拿出來。因為泡沫破裂的速度之快和時間之早，往往超出很多人的想像。**這也是為什麼風險防範意識對於投資者特別重要。

那麼，從風險的角度來看，馬多夫醜聞帶給投資者哪些教訓呢？我之前帶領加州大學的學生訪問巴菲特的時候，他一直在講他那句老話：「我對投資者有兩項建議：第一，不要賠錢；第二，永遠記住第一句。」當然，巴菲特還說了另一句名言：「不要投資你不懂的東西。」但是，筆者也在投資自己不懂的東西，這很難杜絕，因為我們都有過度自信的傾向。雖然有時我會覺得像自己這樣一位金融教授，連投資這點小事也擺不平？但是很多時候，現實情況就是擺不平。

投資者一定要盡可能瞭解投資對象的生活方式、交易紀錄和一些最基本的文件，不要把錢投給你尚未充分信任的人。很大程度上，馬多夫並不是一個很優秀的投資者，但他是一個非常好的公共關係維護者。他是一個老人、優秀的高爾夫球選手、積極的民主黨贊助人，還

是葉史瓦大學（Yeshiva University）的重要校董和整個大學校友基金的管理者。他有個孩子的骨髓出了問題，他就為整個美國骨髓研究機構捐贈了大量資金。他做了很多好事，所以在社區裡有非常好的聲譽，但他唯一不擅長的就是投資。如果我們要投一個項目或投一檔基金，就要問問管理團隊如何、過往有什麼經歷、採用過什麼策略、審計師是誰、監管人是誰、其他投資者是誰。千萬不要因為面子而不敢喊出來：「國王其實什麼衣服都沒有穿。」

當然，還有些時候投資者並非礙於面子，而是貪心。比如，當面對某些民間借貸許諾每年百分之三、四十的收益率，或者像馬多夫那樣保證每年百分之十幾的收益率時，投資者必須進一步思考：**什麼樣的資產能夠維持這樣的收益？綜觀歷史，全球股票年收益率為10%～ 15%，但是投資者必須面對比較大的波動率。債券類的投資相對比較穩定，但年化收益率只有5%～ 6%。**其他收益，或者來自一些偶發的市場機會，注定難以持久；或是透過承擔某種風險獲得的。雖然這種風險可能當時還不為人所知，難以用量化模型估算，也可能已經透過複雜的金融創新分割，比原來小得多了，但是歸根結底，風險還是風險。金融創新可以幫助金融機構和投資者更好地分散風險，但是並不能完全消除風險，畢竟金融科學不是鍊金術。因此，投資者必須記住「富貴險中求」這句老話，這句話在投資領域特別適用。切莫因為一些短期誘惑，就放棄了自己長期投資的原則。

投資者還要關注什麼呢？作為私募或對沖基金，本來的精神就是低調和不披露，盡可能少和社會公眾發生聯繫。同時，因為行為上的偏差，人類傾向回避不熟悉的東西，不想去問我們的基金經理人到底採取了什麼策略、有沒有做衍生品、怎麼控制風險，想的就是把錢付了，每年拿到10％～15％的收益率。

經驗告訴我們，很多看起來非常具有吸引力的投資機會，無論是網際網路泡沫階段的網路公司股票、美國房地產泡沫期間的CDO和CDS，還是國內的民間融資，這些能夠帶來高收益的資產，往往是我們原來沒聽說過的，或是不大熟悉的。因為人們對於傳統的投資領域瞭解得比較充分，風險也比較明確，所以收益也就不會太讓人激動。但由於人們對於陌生事物和模糊性的規避傾向，我們不願意學習、瞭解這些不熟悉的東西。筆者的很多朋友，經常會問一些關於投資的問題，筆者聽了就非常害怕——「這些基本知識都不懂，竟然還敢投資。」**掌握基本知識，是投資者自己必須承擔的責任。**

總而言之，風險可以是別人的風險，但財富是自己的財富。無論前景如何誘人，投資者一定要保持清醒的風險意識，對於高風險的商品，應淺嘗輒止，多元投資。

03

野村收購雷曼

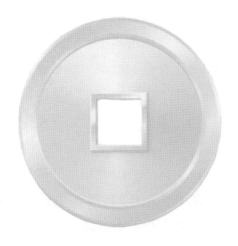

監管者要做的是制定清晰的法律，並盡可能限制公司高管損人利己
的行為。廣大散戶能做的最重要的事，就是看好自己的錢包。
收購過程本身充滿挑戰，但收購之後的整合，
才是真正決定收購成敗的關鍵。

　　正如我們在前文討論的明星基金經理人有可能不但不能給投資者帶來超額收益，反而會給投資者帶來始料未及的損失，其實類似的「經理人」在企業投資、特別是兼并收購領域也屢屢現身。而且有趣的是，在兼并收購領域，往往越是有光環的明星企業所進行的兼并收購，出問題的可能性就越大。其中緣由，我們將在第5章詳細討論。

　　筆者曾親歷了日本野村證券在2008年金融危機時收購破產的美國雷曼兄弟（Lehman Brothers）的亞洲業務的過程，這讓筆者體會到企業在完成兼并收購交易過程中面臨的挑戰和文化整合的困難。從某種意義上說，野村收購雷曼是一宗非常複雜的交易，但從其他一些角度來說，這宗交易和其他許多兼并收購交易相比，其實已經簡單多了。無論讀者如何解讀，筆者想透過自己的經歷，和大家分享一下為什麼說收購是一個非常複雜、持久且各方面都非常有挑戰性的活動。在收購過程中，筆者想特別強調的是過度自信對於收購方高管的影響。因為公司高管對於某些戰略目標的強烈渴望，收購決策過程中很多明顯的不匹配因素被故意忽略了。與此同時，這個案例也明顯展示了華爾街高管在個人財富和股東責任、短期收益和企業長期發展之間的選擇。從某些角度來說，公司高管的自私和貪婪，對於股東的每一次重大損失和金融市場的危機，都負有不可推卸、直接或間接的責任。在宏偉的願景和逐利的銀行家的撮合下，就有了金融行業兼并收購的一個經典失敗案例。

自從經歷2008年的金融危機，美國券商雷曼兄弟一下子變得非常有名。雷曼兄弟是美國最老牌的券商之一，歷史上一直是以固定收益債券的承銷和交易作為主要業務。在2008年申請破產前，雷曼兄弟是美國排名前五的一線投資銀行。在2008年9月申請破產後，一夜之間，整間公司的股價變得一文不值。

雷曼的文化是一種競爭文化。當時雷曼的CEO叫理查德‧富爾德（Richard Fuld），他在公司工作了三十多年，很強勢，在公司裡的綽號叫「大猩猩」。他醉心於摔跤，是一個非常激進的摔跤運動員。他對於婚姻、社交禮儀、著裝和健身有著很嚴格的標準。在公司裡，每次員工知道要跟富爾德見面，一定會穿上最漂亮的西裝，打上最貴的領帶，表現得文質彬彬。

富爾德強勢和自負的性格，在很大程度上影響了雷曼的企業文化與風格。在2008年金融危機全面爆發之前，美國券商貝爾斯登（Bear Stearns Companies, Inc.）的倒閉，其實已經給當時顯露頹勢的美國證券市場敲響了警鐘。但在貝爾斯登倒閉後，雷曼兄弟在富爾德的帶領下，非但不加強風險管理，反而還以估值便宜為理由，加倉了不少貝爾斯登變賣的資產，也就是金融危機爆發後所謂的「有毒資產」。結果，隨著全球金融危機的爆發和全球信用市場的流動性枯竭，雷曼持有的資產大幅縮水，融資渠道又被堵死，最後只好申請破產保護。

筆者清楚記得雷曼在星期一宣告破產，星期天的時候，我們全家還在新搬進的公寓裡開了一個盛大的喬遷

派對，當時在場的眾多雷曼兄弟的員工裡，沒有一個人想到第二天公司會破產。因此，說到企業員工對於公司的真實情況缺乏瞭解，以及對企業的過度自信和盲目忠誠，筆者也算深有體會。

再講講野村，野村是日本歷史最悠久、也是影響力最大的證券公司。無論從市場占有率，還是從市場領先地位來看，野村都是日本最成功的證券公司。由於日本房地產、股市泡沫的破裂和日本人口嚴重老化的趨勢，日本的經濟經歷了「失落的二十年」。野村在此過程中，也受到日本股市一蹶不振和日本企業在全球發展乏力的影響，因此在過去二十多年間一直尋求轉型，希望進一步市場化和國際化，轉型為在全球領先的金融機構。

其實，野村的這種決心在過去數十年裡，進行了多次嘗試。它在1980年代就在海外進行了一次擴張，1990年代又透過收購海外券商在美國擴張了一次，2005年左右在海外再次擴張。不幸的是，過去三次擴張都以失敗告終。不少曾在美國為野村證券工作的員工都表示，很難在日本企業裡工作。無獨有偶，中國很多在日資企業裡工作的員工，也感到日本的企業文化很難融入。由此來看，日本文化和美國文化的衝突，至少不亞於日本文化與中國文化的衝突。

到雷曼兄弟破產的時候，野村證券覺得自己碰上了幾十年一遇的機會，決定和英國老牌銀行巴克萊（Barclays）競購雷曼的亞洲資產。巴克萊是英國最大的銀行之一，是一家多元化、全球領先的銀行，但是在金

融危機裡受到了比較大的衝擊。巴克萊銀行在和野村證券競購雷曼的時候，有一項得天獨厚的優勢，那就是它在雷曼破產的時候，已經成功收購了雷曼的美國資產，也是雷曼最核心和最有價值的部分。因此，對巴克萊銀行而言，收購雷曼的全球業務，是一個非常自然和有效率的業務拓展。另外，作為一家英國銀行，巴克萊和雷曼同屬英美文化，兩者的文化差異可能不會像野村和雷曼之間的文化衝突那樣不可調和。

那麼，雷曼的高管為什麼把雷曼賣給野村，沒有賣給看起來更合適的收購方——英國的巴克萊銀行呢？收購的三方在一週內，進行了72個小時的緊張談判，巴克萊銀行決定出價一億美元，野村證券則出價兩億美元，最後雷曼兄弟亞洲的高管決定把公司賣給野村證券。雖然野村的出價比巴克萊銀行高出一億美元，但是一億美元對於投資銀行來說不算什麼，在年景好的時候，公司幾位高管的薪酬加在一起也會有一億美元。為什麼雷曼兄弟的高管最終選擇野村證券呢？

外界覺得很重要的一個原因，就是野村「利誘」了雷曼的高管。野村證券對雷曼兄弟的高管，提供了以2007年歷史上投資銀行最高業績的獎金薪酬為基準的兩三年的保證獎金；也就是說，野村證券願意為不確定的收購後果，事先支付數億美元的成本，而巴克萊銀行不願意做出這個承諾。擺在桌上的現金實在太誘人、太有說服力了，雷曼兄弟的高管很難在如此誘人的條件下更多地考慮公司的存亡或企業的長期價值。自然而然，

在收購之後，野村證券的人員成本大幅上漲：在收購完成後的第一個財政季度，野村證券的人員成本驟升5億美元。

有人會說，雷曼兄弟的高管可能對收購後的文化傳統沒有準備。筆者覺得，這樣的看法太低估投資銀行家了。目前，各家全球性的投行，都有許多具有豐富國際經驗的銀行家，他們不會想不到企業文化之間的差異。而且，野村證券這邊的收購操刀手是渡部賢一。他畢業於哈佛商學院，是野村證券的終身雇員，熱愛歌劇，信仰禪宗，對國際文化秉持一種非常開放的心態。此外，雷曼兄弟在日本的很多同事，早先就是從野村證券跳槽到雷曼的，不可能不瞭解野村證券。例如，筆者在雷曼的日本搭檔，早先就是從野村證券加入雷曼的，在雷曼被野村收購一個星期之後，他就辭職了。他知道在野村證券的企業文化裡，這種離棄過野村證券的員工在合併後的企業裡，是沒有發展前途的。

中國投資者往往會抱怨公司高管只考慮自己的利益，忽視股東的利益。其實，在上市公司一系列複雜的委託代理關係之間——股東和董事會、董事會和高管、高管和投資銀行家，受託的那一方（董事會、高管、投資銀行家）一定會利用自己的資訊優勢和管理上的便利來最大化自己的利益。在公司治理越渙散的地方，這種趨勢就越明顯。中國A股市場是這樣，美國股市也不例外。公司的高管在做很多重大決定的時候，首先想到的不是股東、不是員工，也不是公司的價值，而是自身的

利益。這種貪婪的企業文化，早在三十多年前的影視劇《門口的野蠻人》（*Barbarians at the Gate*）和《說謊者的撲克牌》（*Liar's Poker*）裡，就被描繪得清清楚楚了。**監管者要做的是制定清晰的法律，並盡可能限制公司高管損人利己的行為。廣大散戶所能做的最重要的事，就是看好自己的錢包。**

整合之殤

收購是簡單的，整合是痛苦的。像惠普收購英國的軟體公司 Autonomy 的案例，收購之後惠普才發現後者就是一個爛攤子。Autonomy 公司其實完全沒有盈利，不僅偽造了自己的盈利，還有很多負債沒有彙報出來，這才是更可怕的。併購交易完成，只是萬里長征的第一步，後面還有許多複雜的工作。

在野村收購雷曼之後，短期來看業績不錯，一方面確實團隊大了，原來六、七十人的團隊，合併之後達160～170人，肯定應該能夠做更多的業務。但是另一方面，企業營運的成本也上升了。很快，兩個團隊都發現文化衝突是根深蒂固的。因為雷曼在整個美國的投資銀行界也算比較激進的，公司文化是一種比較殘酷的競爭文化，也就是中國某些企業所謂的「狼性文化」。野村證券實行的是日本傳統的論資排輩、終身雇傭的文化，是一種集體主義的銷售文化。這兩者之間——東方與西方、封閉與開放、終身雇傭與高流動性、集體英雄主義與個人英雄主義的文化——產生了非常強烈的反差。雖

然大家在併購之初，都意識到會有文化衝突，但沒有充分考慮到文化的衝突會對士氣、工作效率和團隊合作產生什麼複雜影響。

文化反差的一個極端方面，反映在兩家企業對女性雇員的態度上。在日本企業，男性與女性的分化是非常顯著的。在野村證券的日本總部，幾乎所有的女性雇員不是做祕書、就是做助理，沒有其他職位。這樣的文化，很難和雷曼這樣1/3雇員是女性的開放文化融合。

收購完成之後，野村證券發布公告說，它已經找到清晰的整合戰略思路。但是，外界的感覺恰恰相反，因為大家沒有看到野村拿出什麼具體的整合方案，所以短期出現了「鯰魚效應」。當時，每一個工作崗位基本上都有重複——一個前雷曼的人和一個野村的人同時做一樣的工作，因此所有員工都很緊張——等到保證的獎金發完之後，到底是野村的員工留下來，還是雷曼的員工留下來？野村的員工覺得自己應該留下來，因為日本實行的是終身雇傭制，加入野村的時候，就是衝著鐵飯碗來的。但是，雷曼的員工也覺得自己應該留下來，為什麼？因為雷曼的員工水平高，在客戶群中名氣比較大。不管怎麼說，所有員工都明白這些天要好好幹，未來怎麼樣誰也不知道，所以短期內效果還不錯。

團隊的規模越來越大，時間一長，磨合的問題就越發嚴重了。透過收購和兼并之後，短期之內總有單一職務無法解決的情況，就暫時安排兩個職務過渡一下，因此很多職務出現了聯席主席。結果卻不是那麼令人滿

意：不是說人多力量就一定大，人多了之後未必是好事。公司業務開始重複，兩邊的人不通氣，同一家公司兩位分析員同時發布研究報告，而且兩份報告的內容還可能衝突。有時，員工會花更多的時間考慮如何協調人事關係，而不能專注於日常業務。一方面，為了在短期留住雷曼的員工，野村證券給了雷曼員工很多優厚的條件。但雷曼員工並不領情，仍覺得自己不適應一家日資投行的文化氛圍，計劃過兩年等到市場轉暖換一家公司。另一方面，野村的員工也非常不高興：本來自己是這家公司的主人，雷曼是敗軍之將，但是雷曼的員工來了之後薪酬比自己高，在公司的位置也被他們擠占了。結果是，雖然合併之初，野村確實希望能讓雷曼的員工更多地主導工作，幫助他們把雷曼的優勢資源帶到野村的業務中，但是具體實施起來卻很難做到。

除了員工這個非常難以管理的資產之外，一家券商對另外一家券商的收購，可能是所有收購交易裡面最簡單的。試想，如果是一家銀行收購另一家銀行，會有什麼問題？營業部、後台IT系統、客戶關係的整合等，需要考慮的問題更多。那如果是一家航空公司收購了另一家航空公司，又會有什麼難題？難題就更多了：航線和油品如何選擇？選用哪座城市作為母港？不同航空公司的飛機機型、維修隊伍如何整合？還有會員旅客里程項目的衝突怎樣解決等等？例如，美國聯合航空公司（United Airlines）和美國大陸航空公司（Continental Airlines）在2012年合併一年多以後，還會出現聯合航空

的顧客沒辦法用聯合航空常客計劃積分購買大陸航空的機票的問題。

那麼，如果是一家製造型企業進行收購，會有什麼問題？比如，康柏（Compaq）和惠普合併，聯想（Lenovo）收購IBM的個人電腦業務後，都會存在生產線不匹配的問題。原本是聯想和IBM兩種品牌生產的兩種機型，現在生產出來的電腦都叫聯想，但兩種機型卻不完全一樣。除了生產線匹配的問題，品牌管理同樣存在難點。康柏和惠普這兩家企業加在一起占美國60％的市占率，如此傲人的品牌價值對於品牌管理也是非常大的挑戰。

例如，原來進一家商店，顧客可能需要決定是買康柏的電腦、還是惠普的電腦，但在兩家公司合併之後，顧客可能想到的是買惠普的電腦、還是聯想的電腦，這裡有品牌內部蠶食的問題。另外，還有分銷渠道的問題。原來零售商可以透過讓惠普和康柏兩家公司競爭貨櫃，並以此壓低報價。現在兩家公司合併了，對零售商的議價能力的確提升了，但是會有零售商為了分散風險，減少向合併後的康柏和惠普產品提供貨櫃，而更願意把貨櫃給予惠普的競爭對手聯想或宏碁（Acer）。總而言之，兼并後會發生很多收購方始料未及的後果。

投行完全沒有這些問題，收購方只要能把被收購方的人留住，任務基本上就完成了。這個問題對於野村收購雷曼來講，看起來極其容易：兩家公司在香港的辦公室在同一棟樓裡（國金中心二期），兩家公司的辦公室

只隔了幾層樓，兩家公司的員工乘坐同一部電梯上下班。但是，事實上卻有很多人們根本想不到的問題：筆者在三個月裡就換了四次辦公室，為什麼呢？因為雷曼兄弟的歐洲業務和亞洲業務被野村收購了，美國業務被巴克萊收購了，而筆者當時負責量化策略，原先的研究數據由美國辦公室提供，由於美國公司被巴克萊收購了，美國數據無法傳送過來，只有跟歐洲辦公室的數據還可以對接。結果，過兩天發現，歐洲辦公室的數據品質不好，野村同事說他們有自己的數據，所以筆者決定使用野村在東京的數據。但現實是，雖然兩家公司的辦公室只隔了三層樓，通訊系統卻完全沒有打通，因此筆者在樓下不能使用樓上野村的數據。野村同事於是提議乾脆讓筆者上樓，進入野村的辦公室辦公。所以，筆者作為雷曼的代表，首先進入野村的辦公室。過了幾個月，基本的過渡工作做得差不多了，筆者才回到原來的辦公室。後來，公司又把兩個團隊完全整合在一起，要求兩個團隊坐在一起，於是筆者又換了一次辦公室。就這樣，筆者在短短三個月之內換了四次辦公室。筆者相信，這在收購過程中，是一件簡單得不能再簡單、小得不能再小的事，但是從這件小事當中，可以看出收購過程中的整合之難。

筆者剛才講到，為什麼雷曼的高管當初願意把公司賣給野村，是因為他們看中了野村提供的兩三年多達數百萬、甚至上千萬美元的保證獎金。其實，這是一種建立在金錢上的忠誠感，一旦失去金錢，忠誠感也就消失

了，這是筆者在整個兼并收購過程中感受到的強烈的投行文化。到兩年後的2011年春，基本上向雷曼員工保證的獎金要到期的時候，很多員工也都已經找到下家。有些部門在2011年春員工領到保證獎金之後，人員流動率高達30％。筆者在2011年春回香港的時候，目睹了員工的這次「跳槽潮」。筆者的一個好朋友、一位優秀的分析師還留在野村，筆者問他：為何不換工作？他說，不用換工作，他在野村看到的陌生人比熟悉的人還多，這和換工作沒有什麼區別了。員工是投資銀行最核心的資產，人走了，其他東西就消失了。

野村在進行全球化的過程中，希望透過積極地招募有全球背景的員工，達到在美國和歐洲形成一個全球化的投資銀行平台的目的。但是，野村在解決全球化這個問題的過程中，又暴露了其他問題。最開始，野村想利用原來雷曼的管理團隊解決這個問題，但是不行。後來，野村又要求雷曼的高管，按照野村的思路做這個工作，這更是難上加難。這和國劇中讓唱青衣的人去唱花旦是一樣的。因此，在很多西方觀察家的眼裡，他們又看到了一個非常具有代表性的日本企業海外收購的完敗案例：第一年，慶祝未來的輝煌成功；第二年，業績平平；第三年，轟然崩潰。三年過後，野村各個部門基本上都不再贏利，而採取了防守性的措施，調整戰略定位，調整團隊。與此同時，原來來自雷曼的高管，發現人員成本確實太高了，在野村希望的目標框架裡面不可能保證前雷曼員工的薪酬，於是他們就開始著手削減前

雷曼員工的薪酬，這引起了前雷曼員工新一輪的不滿。到2012年初，野村收購雷曼過程中碩果僅存的兩位前雷曼高管，一位是整個野村國際的CEO，一位是野村國際債券部的總經理，陸續離職。整個野村收購雷曼的歷程，基本上是付出所有代價，流失所有團隊，最終完敗的結果。

那麼，能否把這次收購放到行為金融的框架裡分析一下呢？這次收購，究竟是一輩子只能碰上一次的好機會，還是一輩子只能碰上一次的大霉運呢？之前我們討論過，**人類有高估未來的收益和愉快、低估未來的成本和痛苦的傾向，這是人類行為的一個特性。**野村的高管是不是在這次的收購過程中，恰好犯了這樣的錯誤？

最後，總結一下，為什麼總體來講，市場對於收購方的股票給予的是一種負面反應，為什麼這種負面反應對於那些用股票來收購其他公司的企業特別明顯，在對那些由過度自信的CEO管理的企業進行收購時，這種負面反應尤其明顯。很多時候，併購雙方如果用股票進行交易，被收購方獲得的不是真金白銀，而是收購方的股票。從這個角度來講，收購方和被收購方的利益是綁在一起的。此外，兼併收購交易結束後，往往有六個月到一年的鎖定期，被收購方拿了收購方的股票也不能馬上變現，所以雙方都會低估整個收購過程中整合的難度。此外，跨國、跨文化兼併收購尤其困難。中國現在有很多企業紛紛「走出去」，對國際企業進行兼併收購，聯想收購IBM已經算是一個比較成功的案例，但是其間

也曾經出現迫使柳傳志重新出山挽救局面的一段危機時期。在其他中國企業參與的兼并收購交易中，比如中國投資公司收購黑石（Blackstone）、收購摩根士丹利，中國平安保險收購比利時富通資產管理公司（Fortis），中鋁收購必和必拓（BHP），中海油收購優尼科失敗之後成功收購尼克森，筆者有時真不知道是應該恭喜這些公司，還是該替它們捏一把冷汗。沒有成功收購到底是好事、還是壞事，在整合結束前都很難說。**兼并收購過程固然充滿挑戰，但之後的整合，才是真正決定兼并收購交易成敗的關鍵。**

因此，中國下一階段經濟發展和行業整合的過程中非常重要的一個現象，就是會出現越來越多且規模越來越大的兼并收購業務。清醒地意識到兼并收購過程中的機會和風險，即使對那些不是那麼自信的CEO來說，也十分有價值。

在跨國和跨文化收購中，當地法律、勞工保護條例和知識產權的規定，對於企業兼并收購的結果可能產生非常重大的影響。考慮到野村收購雷曼這一看上去十分簡單的收購交易背後都有如此多的挑戰和問題，企業在海外兼并收購時也必須引以為戒，規避國際兼并收購中的風險。

04
風險的起源和
風險管理的來源

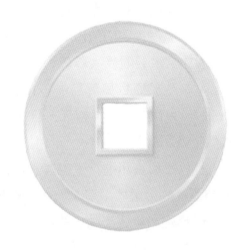

有效控制風險是投資者提升長期收益的重要手段。
投資者必須意識到,無論做多少模型,
自認多麼有把握,未來總會有不確定性。
因此,金融機構和一般投資者不能急功近利,
把暴險部位做得太大,或把槓桿做得太高。

那麼，究竟是什麼原因導致金融機構和企業在投資領域一而再，再而三地重複事後看起來簡單、甚至愚蠢的錯誤呢？換言之，為什麼這麼多出色的企業家和投資者，會在關係自家企業命運和家庭財富穩定這樣的重大決策上，犯下如此嚴重的錯誤呢？究其原因，主要是經濟運行和金融市場中日夜不停、變幻莫測的風險。

美國有一家歷史很悠久的金融機構，叫作坎托·菲茨傑拉德（Cantor Fitzgerald, CF）。成立於1945年的這家老牌投資銀行，專注於債券市場業務。在21世紀初，CF公司平均每年處理整個美國國債市場交易20%～25%的交易量，是美國非常重要並受人尊敬的金融機構。CF公司總部的辦公室，位於原世界貿易中心101～105層，在911事件中，很多CF員工喪生。當天，CF公司損失了2/3的員工。當然，公司的其他分部，例如位於英國倫敦的歐洲辦公室，對數據和資訊進行了儲存和備份，因而911事件沒有對整個美國金融體系造成很大的衝擊。此後幾年，CF公司的業務逐漸步入正軌，終於用十年的時間恢復了元氣，現在依然是業內頗具影響力的金融機構。

在國際商學院的風險管理課程中，當時CF公司處理911事件的經驗，成了企業風險管理的一個經典案例，被廣泛引用。在很多層面，CF公司的做法涉及風險管理領域。作為一個學科，風險管理並不是金融行業獨創的，而是管理科學領域的重要分支，主要是工程實施方希望透過管理風險，幫助企業更好地實現目標。無論是為了保證企業營運更順暢，還是為了保證企業利潤更穩定，

或者為了保障企業員工的人身安全，這些都屬於廣義的
風險管理領域。

　　企業會選擇與自己長期經營目標最合適、成本相對
較低，也最行之有效的一些方式管控風險，以保證長期
目標的貫徹和達成。隨著全球化步伐加快，科學技術越
來越發達，以及整個社會不確性因素的加劇，很多跨國
公司都面臨不同方面的風險問題和挑戰。比如在1984
年，美國聯合碳化物公司（Union Carbide Corporation）
在印度的一家農藥廠發生事故，造成當地很多居民傷
亡。1986年，蘇聯烏克蘭境內的車諾比核電廠4號機組
反應爐發生爆炸，導致當地大量人員傷亡，環境也遭到
嚴重破壞。2011年，日本因為地震導致了福島第一核電
廠放射性物質洩漏，對民眾生活和企業運作都提出了嚴
峻的挑戰。

　　對於企業來講，如何在財務、安全生產、設備管理
和流程技術等方面控制風險，是系統工程領域的一個問
題。直到1970年代，金融學才開始逐漸把工程領域裡關
於風險控制的理念和先進技術引入投資、金融領域。除
了前文提到的金融機構運作過程中的人員安全管理、數
據安全備份之外，金融領域關注最多的風險，主要是投
資風險。

　　簡單來說，投資風險就是投資收益的波動，有波
動，自然就會有風險。如果投資者把錢存到銀行裡，年
利率為3％，那麼收益基本沒有風險（真實收益也是有
風險的，因為存在通貨膨脹，所以扣除通貨膨脹率的實

際收益率也是不確定的，但是至少名義上收益率是確定的。）如果把資金投到股票市場，收益率有可能為10％，但是有的時候可能會虧損5％～8％，所以每年到底會出現什麼情況，投資者事先也不是很確定。這種收益率的波動，就是投資者面臨的風險。根據各個投資者對風險的不同偏好，有些投資者喜歡承擔高風險，追求更高的收益；有些投資者不喜歡高風險，也願意接受相對較低的收益。**根據金融學原理，如果想獲得更高的收益，就必須願意承擔更高的風險，也必須面對與高收益相伴的高波動率**。設想如果兩種投資方式在其他方面一模一樣，那麼所有投資人都會選擇收益更高、風險或波動率更低的投資方式。因此，為了能夠吸引投資者投資風險較高的資產，必須為投資者提供更高的收益。

從這個角度來講，收益和風險永遠是一對手牽著手的伴侶，要得到一個，不可能不要另外一個。而投資者往往更關注預期投資收益，對預期風險的估計則不大準確。如果問一個投資者他的某檔股票在去年的收益是多少，或者他認為今後的預期收益是多少，他大概會給出一些答案。但是如果問他，過去一段時間投資出現波動的風險有多大，他往往不能做出準確的判斷。

很多投資者對於收益的關注，遠遠高於對風險的關注，原因可能有兩個。第一，投資者在思考問題的時候，往往會對正面結果考慮得多些，而下意識回避或忽視一些負面結果。風險和收益這兩個維度，收益是相對正面的，而風險則是比較負面的。以投資者的思維模式

和行為規律來講，投資者往往會下意識地回避負面因素，即投資風險。

第二，從投資者的角度來講，收益率比較容易理解，而波動率比較難以理解。如果再分析整個收益率的預期是如何分布的，很多投資者可能會覺得這太過複雜而選擇直接放棄。**對投資者，尤其是散戶來講，應對風險和波動率的能力相對弱一些。**

風險的代價：收益率與夏普比率

正確對待風險並管理風險，有效平衡風險和收益，以及利用金融市場和金融工具讓風險為自己服務，這些可能是很多企業家和投資者需要具備的基本素養。筆者在這裡分享一個非常重要的概念——夏普比率（Sharpe Ratio），它是投資者在考慮評估投資風險時的一個重要標準。投資者在考慮收益或比較不同投資組合的時候，往往會忽略為了獲得收益所要承擔的風險。

三十多年前，著名的金融學家、諾貝爾經濟學獎得主威廉・夏普（William F. Sharpe）提出了一個概念，建議投資者用投資組合的預期收益率減去無風險利率，再除以波動率，得出一個比率，從而瞭解在每一個單位波動率的前提下，每一種資產帶來的不同水平的收益。這一比率被後人稱為「夏普比率」。如果把波動率定義為風險，夏普比率想要表達的是在控制風險的前提下，哪一項資產或哪一種投資策略能夠帶來更高的收益。或許只有它，才能真正反映投資策略或資產是否具有吸引力。

從這個角度來講，夏普比率提出了一種可用於比較不同資產、不同投資策略收益的框架和思維方式。從投資者的角度來講，這樣分析有些難度，但是在考慮自己的收益時，一定要記住收益是以承擔風險為代價的。**投資者必須考慮，如果同樣承擔這麼多風險，是應該持有比較安全的債券，還是應該選擇高風險、高收益的股票？這需要權衡與取捨。**只有在控制風險的前提下，投資者才可能對多種資產進行有意義的分析和比較。

在國外，夏普比率是一個被普遍用來衡量私募基金（對沖基金和一些私募股權基金）業績的方法。由於各種私募基金使用的策略不同，又投資於不同的領域和資產類別，所以只有使用夏普比率，才能把不同私募基金的收益和風險結合，進行有意義的比較。有些對沖基金能在比較長的時間內獲得200％左右的夏普比率，也就是投資者每承擔1％的波動率，就有可能獲得2％的收益率，而這種收益與風險的平衡非常有吸引力。當然，投資者千萬不要忘記，由於私募基金所收取的高昂管理費用，最終淨收益的夏普比率會大大低於這個水平。

國際資本市場的很多被動指數型基金的夏普比率為0.3 ～ 0.5──12％的年化收益率減去4％的無風險資產（美國國債）的收益率，除以18％左右的年化波動率。中國A股市場過去二十多年的平均收益率是18％，平均年化波動率是40％，因此可算出中國A股市場的夏普比率大概是0.35（18％減去4％的國債收益率，除以40％的年化波動率），這和其他很多國家的主要資本市場及全球

資本市場的夏普比率相比，還存在一定的差距。中國A股市場的收益率水平，超過了很多國際資本市場的同期水平，然而A股市場的高波動率或高風險，使其資產在全球資本市場的框架下顯得不那麼有吸引力。從這個角度來講，夏普比率不僅可以幫助投資者清醒地意識到風險，還能揭示不同資本市場、資產類別和基金管理者各自的優勢。

夏普比率可以幫助投資者更清楚認識到風險的價值和風險管理的重要性。**從長期來講，有效地控制風險是投資者提升長期投資收益的一個重要手段，甚至可能比提升收益更重要。**如果投資者平均可以取得12％的年化收益率，那麼在沒有任何收益波動的情況下，投資者的本金大體可以在6年內翻番。但同樣是平均取得12％的年化收益率，如果年化收益波動率是45％，那麼有可能10年後資產也不能翻番。在此，不妨設想一個極端的例子：如果投資者在一年裡損失了50％的本金（就像很多投資者在2008年之後幾年間的表現），那麼對他們來說，要想讓本金翻番，就是一件很難的事情。可見，波動就是風險，如果散戶不能有效提升投資收益，但能夠有效降低投資風險或波動率，也非常有價值。

風險和不確定性

準確地說，風險和不確定性並不完全是一個概念。也許讀者會問：「風險不就是不確定性和波動嗎？」沒錯，但是不確定性所涵蓋的範圍，其實比風險更廣泛。

　　經濟學上的不確定性概念，是由已故芝加哥經濟學派著名經濟學教授法蘭克・奈特（Frank Knight）提出的。奈特教授對芝加哥經濟學派的發展做出了重大貢獻，並且培養出多位諾貝爾經濟學獎得主。他提出的不確定性，比風險涵蓋的範圍更廣。不確定性和風險的差異在於：不確定性承認並且假設決策者不能夠準確描述預期收益的分布。也就是說，決策者只能夠準確瞭解過去的情況，但是不能準確地預測未來。理論上，這種不確定性的概念，可能比風險的概念更加合理，否則經濟金融體系怎麼會一次次經歷「百年一遇」的金融海嘯和經濟危機呢？顯然，監管層、實務界和學界都沒有萬能的水晶球，沒有人能夠真正預測新的風險會在何時、何地、以何種形式降臨到我們的投資上。

　　在這個前提下，無論是投資界從工程領域借鑑來的風險管理模型，還是其他風險管理手段，都不能完全適用於金融領域，因為金融領域會出現很多所謂的「長尾效應」，如「百年一遇」的意外情況和金融風暴──其實，在工程界也會出現類似的問題，颶風卡崔娜摧毀美國紐奧良市、日本地震引發的核洩漏，還有很多重大工程引發的當地地質和氣候的變遷，都反映了即使在工程領域，人類也不能夠完全區分風險與不確定性之間的差異。無論是什麼樣的風險管理模型，都是按照人們現有的思維方式來建構的。因此，很難用現有的風險管理模型，準確地描述和掌控我們從來沒有考慮的問題和從來沒有經歷的情景。如果模型只是基於歷史數據分析，那

麼注定不可能準確描述未來的情況，就更不必說透過模型工具管控金融和投資領域的風險了。這就是不確定性和風險的區別，也是風險管理過程中最大的風險所在。

美國一位風險管理專家納西姆‧尼可拉斯‧塔雷伯（Nassim Nicholas Taleb）出版了一本名為《黑天鵝效應》（*The Black Swan*）的書，這本書透過黑天鵝的典故，來討論金融投資領域裡人們對於風險與不確定性瞭解的局限。

由於歐洲的天鵝都是白色的，因此歐洲人一直認為天鵝應該都是白色的，直到歐洲早期移民初到澳大利亞，真的看到黑天鵝的時候，才發現天鵝並非全是白色的。可見，一個人在固定思維框架裡面看到的世界，不是一個完整的世界。

黑天鵝事件的出現和重複一次次證明風險管理不是簡單地做幾個模型、做幾個回歸，或運用複雜和完美的數學分析就可以解決的問題。**風險管理更多的是一種理念、一種謙虛的精神，即我們必須意識到，無論做多少模型、自認多麼有把握，未來總會有不能預判的不確定性。**因此，金融機構包括投資者在進行投資和商業運作的時候，必須考慮不確定性，不能急功近利地把風險做得太大，把槓桿做得太高。畢竟，我們永遠不知道明天會發生什麼情況，這些情況對投資組合、投資安全、公司安全以及人身安全，到底會產生什麼樣的負面衝擊和影響。

塔雷伯認為，一定程度上，現代風險管理是可以用各種手段控制風險的管理，但最大的風險恰恰不是這些

可以度量、觀察、控制的風險，而是那些我們根本就不知道的可能存在的風險。此外，塔雷伯傳遞了一個重要信息，即金融工具、管理手段越發達，人們就會對自己的風險管理能力越有信心。隨著信心的增強，人們會願意承擔更高的風險。從這個角度來講，如果不能正確估量個人的能力和組織的文化，即使有很多非常好的工具，有時對企業來說也未必是一件好事，因為這可能誘使個人或企業承擔不必要的風險。關於行為和成功引發的風險，接下來我們會進行更深入的討論。

由個人引起的風險：
行為偏差對風險管理的挑戰

風險管理有幾個原則，它們與人類行為的通常趨勢大相徑庭。正是因為行為偏差，才使得從工程領域借鑑的風險管理手段和方法，不完全適用於金融領域。工程領域涉及的是廠房、管線和自然環境，是相當穩定和可靠的。反之，金融領域裡最終發揮決定作用的是人，人的心理、情緒和思維，能夠超越任何風險管理模型的管控範圍，是決定風險管理成功與否的關鍵因素。

風險管理需要準確地瞭解各種事件發生的可能性和產生的後果，需要決策者對歷史和未來做出客觀且準確的判斷。然而，人類在行為決策過程中，往往會表現出過度自信和自我歸功的趨勢：事情做成了，都是自己的功勞；事情失敗了，都是因為外界沒有配合或給予支持。在風險管理領域，研究者花了很多精力，盡可能把

風險和運氣嚴格區分開來。但是時至今日，風險管理理論仍然很難區分某年投資賺錢有多少是因為運氣好，有多少是因為投資者做出的正確判斷。人類的行為模式都有偏樂觀的趨勢，即成功都是因為自己能力強，而不是因為運氣好。在這個前提下，決策者往往不能區別風險、運氣和能力，因此對事態會有一種不切實際的樂觀判斷，缺乏應有的風險意識。由於決策者對自身能力有不切實際的肯定或認知，必然不能足夠關注和尊重外界環境的改變與風險。

說到底，風險管理不只是對風險的管理，更多的還是對人性的管理，因為投資最大、最主要的敵人就是貪婪和恐懼。在績效好的時候，人們就會急功近利地承擔更大的風險。相反，一旦看到風險增加或蒙受損失，人們往往會因為恐懼和心理上強烈的規避心態，忽略一些簡單而合理的解決問題的方法。從這個角度來講，風險管理面臨的最大挑戰，來自人性的挑戰。正是因為複雜的人性，才導致金融領域的風險管理，即使在經歷科技的飛速發展之後，也會在一次次「史無前例」的金融危機面前顯得束手無策。

其一，投資者的代表性偏差行為，往往令他們利用短期趨勢來進行預測，更關注近期發生的事情，忽略長期可能出現的趨勢和怎樣應對這種趨勢。

其二，人們希望規避那些模糊或不是很熟悉的情況，希望獲得簡單明瞭的答覆。如果現實生活中的問題出現模糊的情況，人們往往會用自己熟悉的思維框架、

參照系和直觀的熟悉程度來進行判斷，做出讓自己都大吃一驚、前後不一致的選擇和決定。這也是本書之前討論過的思維框架和規避不確定性的行為偏差。

其三，思維過程中的條條框框，使得人們還沒有真正認清和瞭解風險就下意識回避。恰恰由於這種認知過程中的局限性，我們對於風險和不確定性的理解才受到限制，進而忽視了現實生活中可能發生的情況，這也是為什麼高水平的投資者仍然會在風險管理上栽跟頭。

以2015年中國股災為例，當市場沒有上漲的時候，很多投資者因為2008年全球金融危機以來A股市場的持續低迷走勢，一直對股市不感興趣，甚至存在一定的畏懼情緒。這就解釋了當市場在2,000點見底的時候，很多投資者反而對A股市場不聞不問。直到市場漲到3,000點左右，周圍開始有一些投資者有了一定的「賺錢效應」之後，投資者對於股市的認知才開始逐漸發生改變。雖然這時股市的風險已經開始逐漸積累了，但大量投資者對股市的主觀判斷，卻是股市具有一定的吸引力。也就是說，散戶對於模糊和損失的規避，導致了他們沒能在市場凸顯投資價值的時候入市。而在股市積聚風險時，媒體上關於「牛市」的文章，反倒導致投資者盲目自信。很多對於投資、對於股市、對於所投資的公司沒有任何瞭解的投資者，在自己的貪婪的驅動之下，盲目地加倉和增加槓桿，最後導致整個市場出現泡沫和崩盤，投資者最終遭受重大損失。

2015年中國A股市場的股災，讓我們直接感受到，投

資者面臨的很多風險和損失，其實並不是市場強加在他們身上的。反之，投資者面臨的很多風險和損失，恰恰源於投資者自身的貪婪、恐懼以及行為偏誤。恰恰是因為大量散戶集中和集體的不理性行為，加總在一起形成了市場泡沫和泡沫破裂之後的危機，而市場泡沫破裂和崩盤等劇烈波動，又讓投資者承受了巨大的風險和損失。

與此類似，很多中國企業在2008年全球金融危機之後，在海外進行了基金擴張和兼并收購。固然，有不少中國企業利用2008全球金融危機後全球資產價格低迷的機會，進行了不少成功的收購。但也有一些企業家，看到朋友們在海外投資中獲得不錯的成績，又得到政府對於中國企業「走出去」的鼓勵和支持，簡單地認為全球金融危機會帶來俯拾皆是的機會，盲目和激進地在海外進行兼并收購。因為很多企業在前期準備和盡職調查中，沒有充分瞭解和調研相關情況，因此很多交易陷入了嚴重虧損或難以退出的尷尬境地。企業家一旦發現自己的兼并收購發生嚴重的虧損，不願誠實勇敢地面對損失，不能有效止損，導致很多中國企業在過去十年間在海外進行的大量兼并收購交易最終不了了之，甚至鎩羽而歸。

成功帶來的風險

在投資過程中，波動就意味著風險。投資者對於正面的波動往往會欣然接受，對於負面的波動，也就是損失，則避之唯恐不及。因此，對於很多投資者來說，風

險管理就是防止出現損失。但是，在風險形成的過程中，除了隨機的部分，還有很多是人為產生的，無論是投資者、企業，還是一個國家，承擔的風險和對風險的承受能力都會受歷史和過往經歷影響。有時，風險本身是從成功的經歷中來的，如果沒有之前的成功，就不可能有之後這麼大的風險和損失。

比如，有一個賭客去賭場，只帶了100美元，到中午的時候，他手上可能有1,000美元。但如果一開始就讓他拿1,000美元去賭博，他是絕對不會去的，因為他知道自己沒有什麼賭博經驗和能力。然而，有了1,000美元後，他覺得900美元是白白贏來的，就願意下更大的賭注，承受更高的風險。更可怕的是，在這個賭客把1,000美元都輸光的時候，還念念不忘自己上午賭博的光輝歷史，想回家拿更多的錢繼續賭博。一個在早上還不願意押上100美元的人，有時候會因為一個上午的成功，而願意押上1,000美元，這就是成功可能帶來的風險。人就是這樣，如果覺得成功近在咫尺，腦子裡就會出現簡單的直線預測，就會自然而然地加大投入，增加風險。

除了行為上的例證，成功帶來風險的案例，在金融領域中也有很多。投資者在獲得收益後，可能會做一些不應該做的事情，例如：金融危機時出現的CDO和CDS商品。起初，推出這些創新性商品是為了規避風險，即幫助持有有風險債券的公司或基金規避因為違約而可能出現的風險。但是，正因為有了這些創新性商品，很多企業覺得已經買了保險，在投資的過程中就可以承擔

更多的風險。這就是保險行業裡一個常見的逆向選擇過程：一旦買了保險，人們從事高風險活動的可能性就會變大，覺得出什麼事都有保險擔保。有了這種心理，人們就會承擔更多原本不願意承擔的風險。

與此同時，有研究發現，正是在美國推出資產證券化金融創新性商品之後，原來應該對資產安全性、資產價值進行更準確估算的金融機構，不再一如既往地勤勉工作。其實，在沒有金融創新性商品之前，所有風險都必須由某個金融機構承擔，所以機構會勤勉盡責。而隨著金融創新的推動，金融機構可以更加自如地把風險分散給社會上的其他投資者，自己承擔的風險小了，壓力和工作動力自然也就減弱了。

對2008年金融危機前後美國商業銀行的研究發現，一些銀行在把貸款資產打包，進行資產證券化，拍賣給其他投資者之後，整體資產質量和員工工作質量都比之前下降了很多。原來，銀行會把這些資產或債券放在資產負債表上，所以非常重視資產質量，在放貸的時候也非常謹慎。隨著金融創新性商品的推出，很多銀行覺得，既然可以把資產進行打包賣給投資者，就不必過於關注資產池的質量，也就不在乎哪些投資者持有這些資產。金融創新的好處是有更多的人可以分擔風險，但壞處則是其中的道德風險無人關注。由於銀行不承擔風險，就不用做那麼多工作，反正最後可以把更多的風險轉嫁給社會上的投資者。從這個角度來講，成功和創新也在一定程度上導致一些金融機構不敬業，在應該進行

盡職調查時跳過這一環節，給整個社會和全球經濟增加了風險。

摩根大通銀行巨額交易損失事件

2012年夏，摩根大通銀行（JPMorgan Chase & Co.）被爆出在自家首席投資辦公室的直接管控下，一名倫敦交易員布魯諾・伊克西爾（Bruno Iksil），因利率互換交易給摩根大通銀行帶來了20億美元的損失。這一消息令整個華爾街十分震驚。隨著事態的發展，摩根大通銀行披露，這次交易最終讓摩根大通銀行損失了62億美元。

該起事件之所以引起轟動，有一部分原因是事件發生在摩根大通銀行。在2007－2008年全球金融海嘯中，這家銀行幾乎毫髮無傷，並且一躍成為全美資產規模最大的商業銀行。在之後幾年裡，該行的CEO傑米・戴蒙（Jamie Dimon）不僅多次被各家媒體評為全美最成功的CEO，還因為在全球金融監管體系改革中少有的強勢和反對「沃爾克規則」，而成為全美乃至全球銀行業高管心目中的英雄。

之後數年，戴蒙一直在向全世界的監管層和投資者表明，像摩根大通銀行這樣成功管理的機構，已經可以運用先進的風險管理技術，在不傷及股東權益的同時，進行複雜的自營交易。如果用金融危機前人們常說的一句話來說，就是「這次真的不同了。」然而，筆者認為，除了金融機構的貪婪和道德風險之外，摩根大通銀行的這次巨額損失，還暴露出一個重大的風險管理

問題，那就是管理者因為成功而盲目自信。1998年的LTCM案、2007年的高盛資產管理公司全球阿爾發基金案、2007年的次貸危機和全球房地產泡沫，以及最近的金融危機，哪次不是由「天才」們創造的「天才想法」導致的呢？風險管理最大的敵人，有時恰恰就是那些把全副身心都投入風險管理的專家。就在戴蒙「風險盡在掌握之中」的話音未落，大洋彼岸就傳來了六十多億美元巨額虧損的噩耗。日益精進的風險管理技術，有時會誘使聰明人承擔他們原本不敢想像的巨大風險，甚至可能直接導致風險的積累和危機的爆發。

筆者由此想到，兩千多年前的《論語·為政》教誨道：「知之為知之，不知為不知，是知也。」這也道出了當代金融風險管理最大的挑戰：企業越成功，高管就越自信；高管越自信，就越想冒更大的風險，以博取更高的收益。擲硬幣的次數多了，必然很難一直幸運。公司的重大決策其實也類似，一時的成功未必可以服人。正確地區分投資中的技能和運氣，也就成為幾乎不可能的任務。投資如此，人生何嘗不是呢？如果公司高管或首席風險官都不能清楚意識到自己對風險的認知還存在哪些盲區或誤區，他們的「風險盡在掌握之中」的豪言壯語，又有何意義呢？

中國很多企業則面臨風險管理中的另一道難題。在營運中，很多企業逐漸意識到自身受某種風險的影響巨大，因此開始進行不同方式的套期保值，以期達到掌控風險的目的。不幸的是，因為對金融知識和實務缺乏瞭

解，其中不乏套期保值失敗，導致巨額損失的案例。監管層則以此為例，終止企業的各種套期保值行為。殊不知風險管理可以叫停，風險卻不會因此偃旗息鼓。在風險管理方面被束縛手腳的中國企業，便難以在國際市場上和無拘無束的國際同行競爭。因從事套期保值而蒙受損失的企業確實不在少數，但更多的是那些沒有從事套期保值和風險管理的企業，難道它們就能因此成為他人學習的楷模嗎？

摩根大通銀行以自己的損失，又一次向世人表明，再成功的風險管理手段，也不能彌補交易中的突發損失。同時，再謹慎的風險管理措施，也不能完全規避風險。這是由風險的本質決定的，並不因幾次成功或失敗的經驗而改變。所以，風險管理專家每每會自問一個古老的問題：「知道風險而不能控制風險和根本不知道風險在何處，哪一個更危險呢？」

05

過度自信的高管

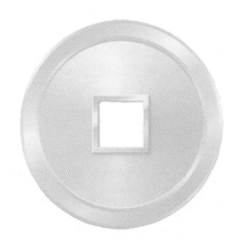

越是自信的高管，在考慮兼并收購活動時，越可能支付高昂的價格。
這時，被收購方的股票可能已被高估，過度自信的高管可能
利用股東的財富收購一些物非所值的公司，難怪資本市場
對過度自信的高管避之唯恐不及。

本章我們主要討論公司CEO和其他高管。公司高管的決策，是否也會出現偏差呢？假如公司高管也像散戶一樣，擁有過度自信的傾向，會對公司的重大決策產生影響嗎？這是本章要討論的重要問題。

根據多家獵頭公司針對上市公司董事會和高管的調研，自信心是各大公司在遴選CEO的過程中非常看重的一項特質。作為一位CEO，自信心確實很重要。他們要對自己的理念有信心，對自己的戰略規劃有信心，對自己的執行力有信心，別人不敢想的事情他們敢想，別人搞不定的事情他們能夠搞定，這就是為什麼有些CEO能夠獲得絕大多數人無法獲得的成就。因此，自信對於高管來說，是一項很重要的特質。那麼什麼叫作過度自信呢？怎麼界定「過度」這兩個字呢？這可不容易。

筆者在加州大學的同事曾做過多項關於明星CEO的研究。所謂「明星CEO」，就是不僅在本領域，而且在社會上也有廣泛影響力的公司高管。在中國，王石、任志強、潘石屹、柳傳志、郭廣昌、馬雲，都可以被稱作明星CEO。那麼在美國，評價明星CEO的標準是什麼呢？通常有三類潛在標準。

第一，一些CEO在全球媒體評獎中獲得的榮譽，如CNBC（美國消費者新聞與商業頻道）年度CEO，或者本人對於頂尖媒體產生過巨大影響。例如，臉書的馬克・祖克柏（Mark Zuckerberg）就因為在不到十年的時間裡，成功帶領臉書從哈佛大學宿舍中的小公司成為全世界最大、最有影響力的公司之一，從而被多家媒體評

選為年度最優秀CEO。

第二，一些CEO本身就是媒體人。比如美國的脫口秀女王歐普拉‧溫弗蕾（Oprah Winfrey），就是利用自己的魅力和號召力，打造了一個市值億萬美元的媒體帝國。再比如美國的家政女王瑪莎‧史都華（Martha Stewart），本身也是媒體主持人，透過主持居家秀來指導觀眾如何做美味的三明治、如何選用合適的布料、如何進行得體的服飾搭配等，從而成為全美太太心中的明星，進而開創了一個以家居為主題的媒體帝國。

第三，還有一些CEO對其所在行業的影響非常大，使得人們往往會將他們和其所在的行業直接連結。比如賈伯斯（Steve Jobs）、比爾‧蓋茲（Bill Gates）、傑克‧威爾許（Jack Welch）等人，都被研究者界定為明星CEO。

加州大學的研究者認為，不管CEO作為人群整體而言是否過度自信，這些明星CEO由於在行業、社會和媒體上，比普通CEO更有地位和影響力，所以相比普通CEO，他們往往更加自信——正如我們之前討論的那些投資成功的散戶會在今後對自己的投資能力更有信心，也會進行風險更高的交易一樣。基於這種假設，研究者希望瞭解過度自信會讓這些逐漸上升到「神壇」的明星CEO做出何種決定，同時追蹤研究這些明星CEO的決定是否能夠幫助其所在公司的股東獲得更好的回報。

研究者發現，和普通CEO相比，明星CEO更傾向於做下列幾件事情。

第一，他們喜歡著書立說，從而將自己的成功經驗

和管理理念分享給全社會。在美國，寫回憶錄曾是留給退休人群做的事，但最近越來越多在職的CEO也開始寫自傳或回憶錄。當然，他們在繁忙的日程安排中，想找出專門的時間寫自傳可不容易。不過，幸好有傳記作家，專門給這些明星充當自傳寫手。

第二，更多明星CEO開始在其他公司擔任董事或獨立董事。這背後可能有三重原因。其一，隨著這些明星CEO的影響力逐漸提高，越來越多公司開始希望獲得明星CEO的幫助。其二，隨著明星CEO的公司規模和社會影響力擴大，明星CEO及其所管理的公司也越來越有可能和其他企業或社會組織形成業務往來。其三，隨著事業的不斷發展，明星CEO對自己的管理能力和管理理念的信心也不斷增強，從而覺得自己的專長並不應該被局限在本公司的業務領域，應該進入其他領域。

第三，明星CEO更喜歡進行盈餘管理。所謂「盈餘管理」，就是企業，尤其是上市公司，在合法和符合會計準則的前提下，讓自己財政季度或年度的盈餘水平都達到或超過資本市場的預期。現代企業的會計制度，無論是美國通行的GAAP（一般公認會計原則），還是歐洲和中國使用的IFRS（國際財務報導準則），都是基於計提的會計準則。也就是說，只要企業成功將貨物賣出，即使貨款還沒有收到，該項收入便已經「可以」計入盈利水平了。對於賣出的貨物，在某些條件下，公司既可以把盈利簿記到本季度，也可以簿記到下一個季度，企業因此可以在會計記帳時有更大的操作空間。同時，這

個季度發生的成本，也有很大的操作空間，可以簿記到這個季度、下個季度，甚至上個季度的成本裡。尤其是對業務比較複雜、產業鏈比較長、資金週轉週期比較長的行業，當季的會計盈利水平，可能並不能準確反映當季的財務盈利水平。

以上是相對簡單的情況，當企業因發生重大結構調整、業務變化或兼并收購而產生一次性收益或損失時，盈餘管理就更容易操作了。此外，合併財務報表也是企業進行盈餘管理經常採取的一種方式。母公司基於對子公司的不同持股比例，在根據會計準則合併報表時有不同的處理方式。因此，當母公司不想合併報表時，便會降低其對子公司的持股比例；反之，則會提高其持股比例。再者，在收購和兼并的過程中，商譽估值的波動很大，從10萬元到100萬元都有可能，這也為高管進行盈餘管理提供了便利。由此可見，在會計準則允許的範圍內，高管是有不少管理盈餘的方式和空間的。

隨著華爾街影響力的擴大，以及華爾街對於短期盈利水平更加關注，越來越多的公司高管都在挖空心思，保證自家企業的季度和年度盈利水平達到華爾街的期望。很多明星CEO，比如奇異公司（GE）的傑克·威爾許，就是因為可以連續帶領公司達到、甚至超越華爾街的盈利預期而獲得讚譽，有些華爾街的分析師也親切地稱他為「郵差」。這是因為在美國，郵差往往非常負責，該送抵的信一定要送到，因此這項工作非常受人尊敬。威爾許非常擅長盈餘管理：他將公司的幾個主要分

支機構每個季度的財務指標都事先規劃好，每個季度逐層分配指標，要求各分公司要給母公司貢獻多少盈利。《老子‧六十章》曰：「治大國，若烹小鮮。」管理大企業，其實也是類似的思路。威爾許的成功，也從側面驗證了明星CEO的盈餘管理能力。

第四，根據研究者對於美國高爾夫協會的數據統計，明星CEO，特別是在他們取得「明星」地位之後，高爾夫球球技都會有大幅的提升。值得一提的是，這種趨勢在那些公司治理相對比較弱、公司董事會成員中內部人士相對較多的企業裡，表現得特別明顯。這也反映出，不受董事會制衡的CEO，是一定會做出對自己有利、但讓股東擔心的事的。

無論前述這些高管的所作所為，究竟對公司、社區和社會有什麼影響，有一點是肯定的：公司高管在成名之後，能夠花在公司身上的時間和精力會越來越少。隨著業務的發展，對高管時間和精力的要求本應該越來越高，那麼越來越忙、時間越來越少的明星CEO，怎麼突破在內部管理和發展過程中的這種瓶頸呢？

答案就是：兼并收購。

很多CEO都以擅長兼并收購著稱。因為除了公司的有機成長之外，兼并收購是速度最快、整合能力最強的公司擴張手段。

明星CEO、大量持有本公司股票的CEO，以及在過去一段時間裡大規模增持本公司股票的CEO，這三類CEO都對自家公司和自身的管理能力有著高度的自信，

也最有可能出現過度自信的傾向。

根據對過去二十年美國資本市場的研究，這三種高度自信、甚至過度自信的CEO，與不是過度自信的CEO相比，有超過65％的可能性對其他企業進行兼并收購。

透過對過去二、三十年全美上市公司兼并收購活動的研究，美國加州大學的學者發現，那些過度自信的CEO進行收購的頻率顯著高於一般CEO，所完成的收購的交易額也比一般CEO要高不少。

同時，自信的CEO更有可能利用公司的盈利水平和自由現金流，透過內部融資的方式，為兼并收購提供資金。融資上的便利，一定程度上也使得這些自信的CEO更加肆無忌憚地進行收購。如果所在公司創造了很多自由現金流，獲得了很高的利潤，又不退還給股東，高管們很有可能用這些資金進行兼并收購（我們會在第10章著重討論企業賺了錢以後，應該採取什麼樣的方式，把盈利返還給股東。）

既然自信的CEO有更強的信心，也更願意進行兼并收購，他們的收購績效怎麼樣呢？

一系列的研究表明，和一般CEO相比，過度自信的CEO管理的企業在收購交易完成後的三年裡，公司股票表現比另外那些由其他普通CEO管理的公司要差15％～26％。研究人員發現，明星CEO管理的企業在完成收購交易後，不僅在股票表現方面，而且在企業營運效率方面，也大大低於普通CEO管理的企業的水平。

對於明星CEO管理的企業，其總資產回報率、淨資

產回報率、投入資本回報率和盈利增長速度，都明顯落後於普通CEO管理的企業10％～15％。與此同時，明星CEO的薪酬比普通CEO要高很多，但是這種高薪酬通常不是更高的薪資水平，而更多地表現為股票、選擇權等形式，以及與公司股價緊密相連的激勵方式。也就是說，他們對於自己能夠提升公司股價很有信心，所以願意接受那些以股票來進行激勵的薪酬方式。

如此出色的CEO、如此優秀的企業，為什麼在進行了兼并收購交易之後，業績反而下滑了呢？這其實並不是一個孤立的現象。根據國際學者對國際兼并收購案例的大量研究，在兼并收購過程中，收購方的股票價格平均而言會有所下降。當然，要想準確地測算一家公司的業績，必須考慮很多因素，比如公司的風險、公司所在的板塊和公司所受到的宏觀經濟變化的影響等。**很多學者在經過大量研究後，幾乎一致地認為，在準確地考慮了其他擾動因素的影響後，收購企業股票的表現總體而言是落後於大盤的。**

這和很多投資者的印象截然不同，很多人原來一直以為：收購就是一個賺錢的過程。這種說法也有一定的道理。在兼并收購的過程中，收購方為了能夠獲得被收購方股東和董事會的支持，通常會以高於目前交易水平的溢價，對被收購方的股票進行收購，因此被收購方的股價往往在收購方公布收購計劃的時候會出現大幅上漲。在此之前進入被收購方的股東，則可以透過收購交易大賺一筆。

然而，在經過長時間、大規模的系統性研究之後，學者和業界都表示，目前沒有證據支持收購方的股價會因為收購活動而上漲，也沒有證據能夠表明收購方的業績會透過收購活動而明顯提高。從一定意義上講，收購一家公司和收購一項資產，其實有很多類似之處：**無論被收購的公司和資產價值如何，只要收購方以低於市場價的價格進行收購，就可以為股東創造價值，股價也會相應上漲；反之，如果收購方以高於市場價的價格進行收購，就可能降低股東價值，股價也會相應下跌。**

　　根據美國資本市場的經驗，從公布要約收購的前一天到公布要約收購之後一天（T–1天到T+1天）的這三天時間裡，收購方的股票要比大盤平均表現明顯低0.3％。這也說明，收購方的股票表現和這些公司股票的長期走勢一致，在收購過程中相對較差。

　　更有趣的發現在於，資本市場對於由什麼樣的CEO來執行這些收購交易頗為關注。研究者發現，如果由高度自信或過度自信的CEO從事收購業務，該筆收購就會遭到市場的抵觸。數據表明，在過度自信的CEO宣布其企業將會收購其他企業的三天時間裡，該CEO所管理的企業的股票會有一個明顯的下跌過程（低於市場表現0.9％）；相反，那些並不過度自信的CEO管理的公司的股票，則不會在公司公布收購計劃後下跌。資本市場會考慮到過度自信的CEO在進行兼并收購業務時，可能會因為他們過度自信，或由於他們的時間和精力有限，而導致兼并收購可能帶來不那麼好的結果。由此可見，資

本市場其實還是很聰明的。

此外，資本市場也非常關心公司使用什麼手段來進行收購——是用現金，還是使用公司的股票，以換股的方式完成收購？

研究結果非常顯著，如果收購方採用現金進行收購，市場的整體反應是高度正面的：在收購方公布併購計劃的這三天裡，收購方股票的表現比大盤高出0.5％左右。與此相反，如果一家公司用本公司股票收購另一家公司，市場的反應則高度負面：在公布消息這三天裡，收購方股票的表現會比大盤低1％左右。若是將收購方CEO類型和收購方式這兩項因素結合在一起，市場的反應則更為強烈：對於那些由明星CEO操作的用換股方式執行的收購交易，股價會在消息公布的三天裡，給出低於大盤表現1.4％的強烈負面訊號。

看似是對被收購公司給出同樣的收購價格，為什麼市場會在看重收購方CEO的背景以外，又特別看重收購方的收購方式呢？為什麼市場特別不喜歡由明星CEO操作的用換股方式執行的收購交易呢？答案還是在過度自信上。

首先，用現金進行收購的企業，向資本市場證明了「我不缺錢」——收購使用大量現金，說明企業有盈利、有充足的現金流，也證明公司財務的穩健。這是對投資者和資本市場發出的一個正面訊號。另外，用現金收購不影響公司的資本結構，有時投資者會對企業資本結構非常敏感，讓投資者尤為擔心的是，公司是否會為了完

成收購而考慮增發新股，或者增發債券。**增發新股可能會稀釋現有股權，增發債券會增加企業的融資和營運成本。出於財務穩健和效率的考量，理性的投資者會更青睞現金收購這種成本更低的收購方式。**

其次，公司高管的融資方式會傳遞一定的訊息。達拉斯獨行俠隊脾氣暴躁的老闆馬克‧庫班的第一桶金，就是靠在網際網路泡沫期間創建了一家公司——Broadcast.com，並且成功地把這家公司在網際網路泡沫的頂端，以59億美元的價格賣給了雅虎公司而獲得的。更令人叫絕的是，庫班在網際網路泡沫股價最高的時候，以每股163美元的價格，把雅虎付給他的所有雅虎股票幾乎拋空，此後雅虎的股票再也沒能達到當時的水準，直到2012年仍在十多美元徘徊。這就是網際網路泡沫時期的荒唐事，但是在泡沫時期，任何瘋狂的事情都是有可能的。庫班賣出雅虎公司股票的決定證明，他絕對不是一個笨蛋。他不但明智地在市場高點成功套現，還勸說自己的同事和員工把持有的雅虎公司的股票全部賣掉。他在接受媒體採訪時毫不諱言：「雅虎的股票根本不值那麼多錢！」

為什麼要舉這個例子？大家思考一下，當某家公司的CEO決定拿自己的股票去收購另一家公司的股票或資產時，他可能有什麼動機？每位CEO都會說，產業整合所產生的加乘效應能夠提升公司的業績。但除了這些戰略層面的考量，CEO肯定也考慮了更具體的財務問題。給大家做個簡單的計算：A公司願意收購B公司，同時

願意付出比B公司目前股價更高的溢價，有哪些原因呢？從財務上來看，答案很明顯：第一，被收購公司（B公司）的股價被低估了；第二，收購方（A公司）的股價被高估了；第三，前面兩者情況同時存在。

現金交易要比股票交易簡單得多。如果用現金進行收購，那麼這筆交易跟CEO對自家公司股價的判斷沒有關係，或者從財務的角度來講，一定是因為收購方覺得被收購方被低估了。這也正是為什麼市場對現金交易的收購業務大體是比較認可的，但是涉及用自家公司的股票去收購對方公司，問題則變得比較複雜。市場必須進行一個深層次的思考：收購方收購了別家公司，是因為被收購方的股票太便宜了？還是因為收購方本身的股價被高估了，從而讓收購方透過收購業務進行套現？如果是收購方的股價被高估，市場就會做出庫班當年對雅虎股票做出的同樣決定：賣出收購方的股票。

估值過高的公司的高管希望透過收購來套現的案例，不僅在充滿驚人之舉的網際網路泡沫時期屢屢發生，在資本運作的歷史上，更是幾乎天天都在上演。越是自信的CEO，在考慮兼并收購活動時，就越會對自己的決定有信心，因此越願意向被收購方支付高昂的價格。一方面，這表現出收購方的股票可能已經被高估；另一方面，這也反映出自信的CEO可能在浪費股東的財富，收購一些物非所值的公司。無怪乎資本市場看見過度自信的CEO用本公司股票進行收購，會避之唯恐不及。

企業為什麼兼并收購？

為什麼企業要在自己的發展過程中進行兼并收購呢？有下列幾種比較好的解釋。

缺乏內生發展機會

一方面，企業在內部發展過程中，已經沒有很好的發展機會了。雖然企業從資本市場融資中獲得大量資金，但企業的投資回報率比整個市場上其他投資的回報率要低，這時公司高管有兩種方式改變現有情況：一是把公司的收益以分紅的形式或股票回購的形式返還給股東，讓股東決定是否進行多元化投資；二是將股東的財富集中投到公司內部，由公司進行兼并收購，強制要求現有股東按照公司的計劃進行多元化。後一種方式沒有給股東進行選擇的機會，而是由公司代表股東選擇是否把股東的錢投到其他地方。

第二種做法在一定程度上，剝奪了股東選擇的權利。因為如果公司以分紅的形式回報股東，股東可以自己選擇進行多元化投資，或者減小自己的暴險程度。公司不分紅而利用企業盈利進行收購，在一定程度上剝奪了股東、尤其是散戶的權利，同時說明公司已經缺乏自己內部的發展方向。美國私募股權基金和兼并收購歷史上有一個著名案例——KKR收購雷諾茲－納貝斯克（RJR Nabisco），便是類似的情形。《門口的野蠻人》一書曾經寫道：「其實很多類似的兼并收購，往往發生在企業

可以產生大量的現金流，卻沒有內部增長空間的時候。」公司高管不願意把現金流或盈利返還給股東，寧可把這些錢留在自己手裡，購買私人飛機，獲取在職消費，以及獲取更好的福利。有些公司進行收購，一定程度上也是由於公司高管和公司股東之間的利益不匹配造成的。

同時，公司高管自身的追求和股東的目標之間，並不一定一致。公司高管追求將公司做大，做成行業第一，做成全國最有名的企業。這樣公司高管自身可以獲得物質和精神上的雙重滿足，比如成為最優秀的企業家，或者在自己的鄉村俱樂部裡獲得更大的影響力，在產業裡成為龍頭老大。但是，這些對股東來說並沒有財務上的收益，更多的是公司高管對於建構商業帝國的期望，或者是一種傲慢和炫耀的表現。

此外，公司高管對於自身的管理能力，往往過度自信。隨著公司的規模逐步擴大，公司不斷獲得成功，公司高管會覺得可以把自己管理企業的能力運用到其他行業，有能力進行上下游的產業整合，也有能力進行跨行業的產業整合，並且認為企業在和其他行業進行合併後會產生很大的加乘效應，但很多時候，情況並沒有那麼簡單。

贏家的詛咒

過度自信的反面是「贏家的詛咒」。這是源自拍賣理論的一個概念，即如果所有參與拍賣的人都知道某件拍品的價格，最後能夠贏得拍賣的人一定支付了過高

的價格。比方說，某件藝術品價值100萬美元，那麼所有人都會出價100萬美元，若想從競拍中勝出，則必須比別人出價高，例如110萬美元。這說明，當你成功購買同一項資產或同一家公司時，你往往付出了更高的價格。那麼從長期來看，你使用公司的資源購買了比較貴的資產，你們公司的收益在今後也會比較低。也就是說，公司高管總是覺得自己買到了便宜的資產，其實不然。從事後來看，他們往往購買了較貴的資產。即使是在支付了高昂的代價收購了較貴的企業之後，很多公司也不能成功地把這些公司和企業整合進自己的現有業務。這也是資本市場往往不看好收購方的股票的另一個原因。從學術角度來講，企業進行收購的負面動機比正面動機多，對高管有利的動機比對股東有利的動機多。

羊群效應

還有另外兩個緊密相連的原因，一是羊群效應。比如，行業排名第一和排名第三的企業進行了合併，進而成為規模更大的新企業；在這種競爭態勢下，行業排名第二的企業，可能也會在行業內或板塊內積極尋求對其他企業進行兼并收購。二是戰略性競爭壓力。從競爭的角度來看，在前述這樣的案例中，行業排名第二的企業原先還能夠應對排名第一的競爭，但在行業老大和排名第三的企業合併之後，對於行業排名第二的企業來說，競爭壓力大大增加，因此必須追求一些規模上的擴張，來達到競爭的平衡，例如可能會和排名第四和第五的企

業進行兼并，這也是企業兼并收購的一個原因。當然，有時羊群效應和戰略性競爭壓力，很難嚴格區分開來。

殼資源

在中國還有一個比較特殊的原因，就是對於上市和資源的追求，內地某些公司在香港進行兼并收購也是同樣的原因。眾所周知，在中國，上市是一個非常艱難的過程。一旦成功上市之後，企業無論從融資能力、融資難易程度，還是從估值水平來講，都會比沒上市的時候有一個很大的提升。因此，很多企業確實是為了獲得上市公司的「殼資源」進行收購的。

美國的情況也與之相似，即上市公司比非上市公司存在估值上的溢價，但美國上市公司的溢價比中國市場的溢價低很多。隨著中國資本市場的逐漸成熟，中國企業上市也不再那麼神祕和備受矚目，也不會頻頻出現瞬間造富的奇聞。筆者認為，從長期發展的角度來看，新股發行改革後，整個上市的過程會越來越容易，整個「殼資源」的價值也會越來越低。

此外，在一個比較成熟、發達的資本市場，即使透過收購來獲得「殼資源」，企業也必須考慮清楚這麼做到底是否值得。在美國，很多非常成功的企業都選擇不上市，保持私有企業身分，例如：著名的糖果生產公司瑪氏（Mars, Inc.）。這在很大程度上是因為上市會帶來高額的監管成本和訊息披露成本，同時上市公司必須受到華爾街和投資者嚴格的控制與約束，公司很難按照創

始人的理念和長期目標運作。因此，國外有很多企業不願意進行IPO（首次公開發行），或者成為公眾公司。由此可見，企業也應該從金融的角度考慮一下收購「殼資源」的成本與收益。如果公司要支付1%～2%的交易額作為中介顧問費、律師費和審計費，同時還要面對上市後的諸多監管要求，上市和收購「殼資源」都未必是企業首選的長期發展方向。

戰略性資源

目前很多中國企業正在國內外進行積極的兼并收購，中國的主權財富基金中國投資公司、中國進出口銀行、平安保險、中聯重科、中石油和中石化，都曾在海外進行大量的兼并收購活動，或是為兼并收購提供融資。為什麼這些企業這麼喜歡兼并收購？如果不進行兼并收購，這些公司會採取什麼方式實現增長？為什麼公司不選擇內生性的有機增長方式，而選擇兼并收購？我們會逐一回答這些問題。

企業進行兼并收購有哪些理由呢？首先便是獲取資源。比如中石油、中海油常年在蘇丹、馬利、埃及買礦，原因就是這些資源在別的地方無法獲得，而這些企業必須補充自己的上游資源。但是，從資源獲得的角度來看，隨著金融工具的不斷創新，各種資源都存在對應的期貨。因此，例如中海油、中石油這樣的企業，完全可以透過在期貨市場或選擇權市場進行交易，從而鎖定資源價格，並不一定需要透過買礦來保證上游資源的供

應或上游價格的穩定。傳統意義上兼并收購的動機，其實已經不像過去那麼強烈了。

當然，產業整合也是兼并收購的重要原因。產業鏈的整合可以更好地降低成本，因此會產生兼并收購的需要。生產汽車的想收購生產輪胎的，生產輪胎的想收購生產橡膠的，各個環節都需要相應風險的分擔。中國經濟，包括很多中國民營企業在經歷了高速發展後，業已進入一個複雜的轉折期。在經濟增速放緩、競爭壓力加大、產業結構調整的今天，很多企業家和投資者都覺得兼并收購是一劑包治百病的萬能藥。的確，如今有很多公司，無論是在國內進行併購、在產業鏈的上下游進行併購，還是跨地區、跨行業進行併購，都取得了炫目的成就。同時在美國，又有像思科、GE、美國銀行這種強大的公司，一路都是透過兼并收購發展起來的。很多投資者和企業家，因此就認為兼并收購是萬能的：只要收購，就可以創造財富，創造偉大的公司。甚至很多公司的CEO和高管會覺得，併購就是找兩個投行，做兩張表格就搞定了！這樣的想法看似幼稚，卻普遍存在。仔細想來，如果這樣做就能賺錢，豈不是所有的收購項目都賺錢了。希望本書能讓擁有這些不切實際幻想的CEO和投資者，對於併購活動有更清晰、更準確的認識。

總結一下，**第一，某些CEO有過度自信的傾向；第二，自信的CEO更傾向於進行兼并收購；第三，這些CEO進行兼并收購帶來的股價損失幅度是最大的。**這三

點，是全球學者基於長時間、大樣本的研究總結出的高
管行為和資本市場反應規律，並且至今仍在不斷重演。

06

制度引發的風險

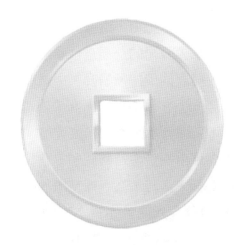

公司高管應根據投資績效調整投資策略和公司的暴險程度，並始終
確保公司的暴險程度不突破風險框架。只有這樣，才能保證
公司追求長期目標。此外，在風險決策過程中，公司內部應
保持意見一致，這樣才能找到相對穩健的投資項目。

中航油和中信泰富

　　還有一種成功帶來的風險，完全是因為公司的高管、交易員，或者企業文化的問題。由於成功，企業不知不覺地進行風險越來越大的交易，最終危及生存。中國企業在這方面也有過慘痛的教訓。

　　2003 年下半年，中航油新加坡公司開始交易石油期權。最初涉及 200 萬桶石油，中航油在交易中獲利。2004 年第一季度，油價攀升，導致公司潛虧 580 萬美元。此時，公司非但沒有進行止損，還採取降低平均購入成本的方式，進一步加大公司的交易倉位和風險部位。在之後的幾個月裡，隨著油價持續攀升，中航油的虧損不斷擴大。到 2004 年 10 月，油價再創新高，公司此時的交易盤口達 5,200 萬桶石油，帳面虧損再度大增。2004 年 10 月 10 日，公司面對嚴重的資金週轉問題，首次向母公司呈報交易和帳面虧損。當時，為了補交追加的保證金，公司已耗盡近 2,600 萬美元的營運資本、1.2 億美元的貸款和 6,800 萬元的應收帳款資金，帳面虧損金額高達 1.8 億美元。截至 2004 年 11 月底，公司虧損總計超過 5.5 億美元。中航油無奈宣布向法院申請破產保護令。

　　中航油最初交易航油期貨，很大程度是為了風險管控。時任中航油總裁的陳久霖帶領的團隊，在交易的一段時期內，發現自己對於航油價格走勢有較好的預測能力，認為自己不應該進行簡單的套期保值，於是開始進行投機性交易。交易之初，市場走勢確實如同他的團隊

所預期的那樣，給公司帶來了高額收益，陳久霖及其管理團隊也獲得了高回報。在這個機制下，公司便承擔了越來越高的風險，進行規模更大的期貨交易，最終導致整個交易失敗，公司破產。有時，成功的經驗不僅扭轉了該投資者對待風險的態度，還讓其不切實際的投資意圖變得更大。

2008年全球金融危機期間，香港發生的中信泰富的案例，和中航油的情況類似，但規模和影響更大。作為中信集團的子公司，中信泰富是在香港上市、歷史悠久的紅籌公司，*主營業務是在內地從事和鋼鐵業有關的多元化經營。2008年10月，當金融危機愈演愈烈時，中信泰富發出重大預警，披露因為和多家銀行簽訂澳元對賭合約，而澳元的大幅貶值導致公司所投資的合約價值大跌。在短短一個月裡，中信泰富在這些投資合約中的虧損就達到155億港元，超過了之前整個財務年的盈利水平。消息一傳出，公司股價大跌，在兩個月之內，從每股30港元一路跌到每股5港元。

那麼，中信泰富當時為什麼要進行這麼大規模的澳元交易呢？起初，因為在內地有很多鋼鐵業務，中信泰富便在澳洲西部收購了鐵礦項目。為了能夠控制在澳洲開發和營運鐵礦的成本，中信泰富最早希望透過和一些金融機構簽訂澳元遠期合約的方式，達到控制澳元長期

---

* 在香港或中國境外註冊、主營活動在中國境內，且具有中資（官方）背景的公司。

走勢和在澳洲營運的成本目標。在套期保值的過程中，中信泰富發現自己對於澳元升值的預期是準確的，也發現與其進行套期保值，從銀行獲得一些低澳元的保證，還不如自己建立大量澳元的多頭倉位，透過澳元升值來獲利。由於中信泰富對自己的預測太有信心，同時希望能夠在交易過程中，盡可能擴大風險部位和減少成本，於是選擇了使用累計期權這種高槓桿、高風險的金融創新商品來進行投機。

這種合約雖然看起來既靈活又便宜，但是金融市場裡可沒有免費的午餐，多家投行在設計累計期權合約的同時，自然考慮到了其中的風險，並且已在合約中把風險牢牢鎖定。一旦澳元沒有按照中信泰富預期的方式上漲，而是出現急跌，中信泰富就不得不為這種波動承擔巨大的浮虧。但由於複雜的累計期權合約強制要求中信泰富在澳元大幅下跌的過程中進一步加持澳元的多頭倉位，使得中信泰富在2008年7月之後澳元暴跌的形勢下，依然不斷地擴大倉位，蒙受的損失也不斷地擴大，最終導致數百億港元的交易損失，其母公司中信集團不得不出手挽救。

從戰略來講，中信泰富把衍生品交易中的套期保值和投機的目的完全混淆了。它本該從風險管理的角度進行交易，並應為了規避風險支付一定的成本，但是因為它在短期交易中獲取了利益，就認為自己對於市場走勢十分有把握，於是把控制風險的初衷置之度外，改為承擔更高風險的投機性交易。隨著交易目標的改變，整個

公司的暴險程度也隨之改變。在不知不覺中，中信泰富就從一家以鋼鐵業務為主的多元化公司，演變成一家對澳元大規模下注的交易公司和對沖基金。再加上百年一遇的金融危機，整間公司幾乎破產，不得不由母公司出面拯救。在一定程度上，中信泰富的教訓，反映了中國很多企業對於交易目的或整個金融投資目的的盲點。進行風險控制的交易，最後成為風險源頭，這從公司文化、風險管理機制上來說，都明顯存在巨大的漏洞。

更重要的是，對於風險管理，公司應當有明確的目標，即是為了進行投機，還是進行長期投資，或者透過套期保值管控風險，這才是核心內容。同時，應當根據投資績效，調整投資策略和公司的整體暴險程度，並始終確保公司的暴險程度不能突破風險框架規範。只有這樣，才能達到企業追求的長期目標。除了風險管理的手段和工具之外，在公司治理中，還必須加強訊息披露和權力制衡。只有在風險決策過程中，公司內部意見一致，才能保證相對穩妥的投資方式。如果出現獨斷專行，就可能出現較大的風險。

中信泰富的教訓，還反映了部分中國企業對於金融創新商品和衍生商品的一知半解，沒能準確把握自身的權利、義務和暴險部位，對於公司整體的風險和如何透過交易增加或減少風險，都不大熟悉。從這個角度來講，筆者覺得風險管理的觀念固然很重要，手法和工具也非常重要。中信泰富對於澳元升值的長期判斷仍然是準確的，在2008年金融危機平息一年後，澳元又升值到

危機前的水平。因此，如果中信泰富沒有採用高槓桿、收益和風險不對稱的累積期貨選擇權，而是選擇傳統的簡單期權合約，那麼不但可能順利度過百年一遇的金融危機，而且之後有可能從澳元的上漲中獲得收益。

其實，該案例還反映了很多實業公司對商品風險、本公司和整個市場的聯繫，以及對公司基本面的把握不準確。無論是中航油交易，還是中信泰富交易，抑或在2008年金融危機中因為原油交易的巨虧遭受重大損失的中國東方航空公司、上海航空公司，都反映出公司對於整個市場走勢的瞭解，並沒有自己認為的那麼清晰。傳統的金融交易，只要求投資者對進入點（買入價）和退出點（賣出價）判斷準確。舉例來說，一個散戶在買股票的時候，只要有足夠的資金，不需要運用融資融券的槓桿，只要準確地預測買入的價格和賣出的價格，就可以賺錢。但是，現代金融交易，尤其是在金融創新日新月異的今天，對於預測的準確度要求越來越高。在投資很多衍生商品的時候，投資者面臨的，不但有因為槓桿交易帶來的資金面限制，還有金融創新帶來的越來越複雜的盈利和虧損的條件。**投資者和企業必須認識到，在日益複雜的國際金融市場中，只是預測長期的趨勢，已經跟不上時代的腳步。如果企業仍然用傳統的金融工具來思考和交易，那麼很可能非但幫不了企業管控風險，反而有可能帶來更大的風險。**正是由於普遍的過度自信的行為偏誤，公司決策過程沒有受到應有的質詢和限制，才會給公司帶來毀滅性的打擊。

中國國企從「500強」到「大而強」

有一個更深層次的問題是：當一家公司賺了錢或獲得更高的價值後，應該如何處理獲得的價值？這也是公司治理的一個核心問題。

中國有太多公司在獲得盈利後，本應透過簡單的現金分紅的方式，把盈利返還給自己的股東，但這些公司為什麼不願意這麼做？對自由現金流的控制權，是公司高管最希望得到的，如果高管和大股東不是相同的利益主體，公司高管希望賺到的所有錢都能留在公司，這樣就可以做他們想做的事情，可以建設屬於他們的商業帝國，受到的管理與約束也相對較少。從財務的角度來說，真正能講得通的兼并收購的理由，就是可以為股東帶來更好的投資回報。但是，回顧中國過去十多年企業規模的擴大，雖然中國企業規模在全球的排名明顯提升，但是企業規模的擴大卻未必給股東、特別是中小股東帶來更高的收益。反之，中國企業的很多併購和擴張行為的背後，反映的更多的是高管自身的職業發展考量與民營企業家獲得政府支持和資源的訴求。

2019年7月，美國《財富》（*Fortune*）雜誌發布了2019年世界500強排行榜。129家中國企業上榜，首超美國。

中國企業排名的提升，一方面是因為中國企業的規模越來越大。隨著中國經濟騰飛奇蹟的繼續，越來越多的中國企業在不斷滿足逐漸富足的中國消費者新的需求的過程中，也在不斷地提升公司的實力和規模。

另一方面是因為，有觀察家指出，西方國家企業的規模在過去十多年中，並沒有出現特別大的增長，反而有些原來規模龐大的企業，在經歷了收購、兼并、拆分等資本運作後，當前的規模相比十年前更小了。

面對這種反差，管理學專家也開始反思先前關於企業規模的思考。1960～1970年代，在經歷二戰後的高速發展，西方經濟進入經濟結構調整期。因此，很多管理學專家和公司高管，都把擴大公司規模、推動企業縱向或橫向一體化，作為提升企業競爭力的一條主要路徑。

與此相對應的是在1970～1980年代，出現了眾多一體化兼并的案例。透過一系列的兼并收購活動，一些歷史上規模最龐大的企業或企業集團誕生了。當今《財富》世界500強排名靠前的許多企業，都是透過一系列連續的兼并和收購活動，在相對短的時間內達到目前龐大的規模的。

然而，目前中國企業規模增長之快，甚至超越了許多《財富》世界500強中排名靠前的國際企業當年的步伐。究其原因，可能有下列幾點。

第一，宏觀經濟的決定性影響。在中國經濟過去三十多年高速發展的大環境下，中國消費者對高科技、高附加值產品的需求，推動了中國企業持續升級產能。中國企業的規模，也隨著消費者購買力的提高而相應地迅速增強。但值得指出的是，隨著中國逐漸進入中等收入國家之列，經濟和企業增長的來源，應該更多地依賴企業質量和贏利能力的提高，而非早先相對簡單的資產

規模和投資規模的擴大。

第二，國家政策的導向。在提出國有企業做大做強的發展方針後，國有企業的數量按照既定的方針逐漸減少。與此同時，國有企業透過國企之間的合併與改組，迅速擴展了其資產規模和員工數量，保留下來的國有企業的業務條線也變得越來越多。

第三，國有企業的管理和考核體制，決定了國企的高管有很強的擴大企業規模的動力。國有企業在追求商業盈利的同時，仍然保持了許多原來作為部委和行業管理協會的行政色彩，並擔負著多重社會責任。在這種多元化的目標追求和考核體系下，雖然擴大資產規模和員工隊伍，並不一定能夠帶來優渥的財務回報，但很可能幫助企業在政治和社會維度更好地達到社會的預期。

那麼，公司做大可能帶來哪些問題呢？為什麼國外很多公司卻走上了縮小和瘦身的道路？

在經歷了一段高速發展後，西方的許多學者開始發現一個有趣的現象：對全球最大規模的企業來說，當這些企業的資產和銷售達到一定水平後，業務增長的速度便開始明顯放緩，公司股價也隨之躑躅不前。

管理學專家因此認為，當公司規模擴張到一定程度後，業務條線越來越複雜，內部溝通越來越困難，績效考核越來越煩冗，為公司治理帶來了非常大的挑戰。不僅如此，金融學者還發現，海外市場的投資者也對多元化的企業不大認可。很多研究表明，那些業務條線繁多的企業估值往往較低，得不到資本市場的認可。很多多

元化企業的價值，明顯低於其各個板塊單獨上市的價值。

不僅在國際市場，一直被投資者認為非有效、欠理性的中國 A 股市場，也表現出對專業化企業的青睞和對多元化企業的不屑。根據筆者的研究，如果把滬深 300 成分股企業按照業務板塊的數量分類，相比主營業務超過 5 項的企業，那些主營業務單一的企業，無論是在總資產收益率、淨資產收益率，還是在資本回報率和股東回報率方面，都有很大的優勢。

投資者和資本市場，為什麼不喜歡大而全的多元化企業呢？

其一，因為投資者相信，在大多數情況下，資本市場能比普通企業更好地發現信息並決定最優的資本配置。但大公司內部則可能受到公司戰略和主管人員短期目標與主觀判斷的影響，未必能夠快速、準確地發現價值。

其二，基於公司治理的考量，投資者擔心管理層將公司創造的自由現金流浪費到無法最大化股東權益價值的「帝國建設」中。公司的規模越大，可供管理層浪費的資源就越多，公司的投資和營運效率就越讓人擔憂。

其三，一體化集團要求投資者必須按照集團公司的架構，在各個不同的板塊之間進行多元化的風險分散。如果每個板塊單獨上市，那麼投資者在配置資產時，就會有更大的靈活性。

作為應對措施，許多專業人士推薦公司應該適當地縮小資產規模並縮減業務條線。遵照這種建議，美國、歐洲和日本的許多大型企業集團，透過公司資產和業務

重組，逐漸縮減旗下的業務條線，進而從多元化企業向業務集中度高的專業化企業轉型。撇開技術進步和產業結構變化的背景，很多企業的管理層和股東，都受到相關研究結果的影響，逐漸相信專業化更有利於釋放公司的核心價值，提升公司的股價。

遠的不說，2012年媒體大亨魯柏・梅鐸（Rupert Murdoch）麾下的新聞集團（News Corp），拆分成為影視媒體和報紙出版兩大主要板塊的消息一經公布，就獲得資本市場的廣泛認可。在短短一週內，新聞集團的股價受拆分消息的刺激，上漲超過30％。

新聞集團的成功拆分，一方面是為了應對短期內嚴重困擾新聞集團的「竊聽門」事件，另一方面是以梅鐸為首的新聞集團管理層終於意識到，隨著新聞集團在影視和視頻領域一系列兼并收購活動的開展，新聞集團的主要業務已經從增長乏力的傳統平面媒體領域成功轉型，進入發展仍然迅猛的影視和視頻領域。但由於歷史原因，資本市場仍將新聞集團當作一個平面媒體企業來對待和估值，因此未能充分反映新聞集團高質量影視資產的價值。透過拆分，新聞集團的影視和報紙出版業務，都獲得了資本市場的充分理解與認可，公司的價值自然就被充分地釋放出來。

除了財務績效，國有企業對於社會資源的巨大影響，也吸引了社會公眾對於國企規模不斷膨脹的關注。排名《財富》世界500強的中國企業，許多都居於能源、資源行業和其他具有較強進入壁壘的壟斷性與半壟

斷性行業。也就是說，許多企業能夠發展到如今的規模，一定程度上依靠了它們所獨享的制度優勢和資源稟賦，不能完全反映其管理層的能力和膽識。

譬如，有學者質疑，如果《財富》雜誌以總利潤、而非總收入排名，中國企業的排名和上榜數目可能都會大打折扣。另外，有研究表明，中國能源資源行業的很多國企，在營運效率、財務效率和內部控制方面，與其他類似行業的國際企業相比，也存在一定的差距。

因此，應該開放、鼓勵、扶持民間資本逐漸以合資參股等方式，介入前述這些壟斷性和半壟斷性行業。此舉不但可以幫助社會和資本市場更好地理解和認可國有企業經營的成績，而且可以借助「鯰魚效應」，引入競爭機制，進一步提升國有企業的競爭力。這不僅能對國有企業改革產生正面的推動作用，而且能幫助中國民間資本找到良好的投資方向和下一步的發展機會，從而幫助中國經濟實現增長模式的轉型。

有趣的是，世界銀行（World Bank）在2012年對中國經濟可持續發展發布的報告特別指出，國有企業改革對中國下一步經濟和社會改革，發揮了舉足輕重的作用。世界銀行和國務院發展研究中心的研究表明，目前中國國有企業規模過於龐大，導致效率低下、資源浪費，因此如何進一步改革國有企業的經營模式、提升國有企業的贏利能力、削減國有企業的規模，直接影響了今後中國經濟的走勢。

除去對自然資源的壟斷之外，國有大型企業也對中

國當前仍相對匱乏的資本具有強大的掌控力。在經歷
2008－2009年超大規模的經濟刺激政策後，中國作為一
個相對獨立的經濟體，整體而言處於流動性泛濫的局
面。但是，由於中國金融體系相對欠發達，金融行業的
「媒介」作用發揮不充分，中小企業面臨明顯的資金緊張
局面。

與此同時，國有企業利用其國資背景和龐大的資產
規模，可以相對容易地獲得廉價的銀行信貸資金。除投
入資金以期進一步擴大自身規模外，還有一些企業把資
金投到非主營業務的房地產項目和高息放貸業務，這進
一步加劇了中小企業融資的困難和資產泡沫，也進一步
扭曲了中國的金融體系。

因此，對中國國有企業普遍存在的「大而不強」的
現狀進行改革，已經到了刻不容緩的地步。根據國際經
驗，企業重組、分拆和剝離，可能是中國國有企業改革
難以逾越的一個環節。

針對這種建議，國內有一種看法，認為吸收社會資
本進行國有企業的重組改革和國有企業非核心資產的剝
離，會導致國有企業控制權喪失和國有資產流失。

其實不然。國有企業完全可以在保持控制權的前提
下，進行各板塊財務績效的分別考評。在公開透明的板
塊營運和財務信息的前提下，企業內部才能更好地評價
各個板塊對公司總體利潤的貢獻，投資者才能充分瞭解
企業各板塊的優勢和價值，給予公司公正的估值。

只要在資產的剝離、拆分和重組過程中，交易能夠

建立在市場決定的公允價格上，那麼這類交易非但不會導致國有資產的流失和縮水，反而會因企業重組提升公司核心價值並吸收社會公眾資本，從而幫助國有企業在保障效率的前提下擴展規模，真正實現國有企業的做大做強、做強做優。

中國經濟下一階段的成功，取決於中國國有企業的成功；而中國國有企業的成功，取決於它們每個業務條線的成功。因此，如何調整國有企業的組織機構，以充分發揮其各個業務條線的贏利潛力，對於中國經濟的下一步發展會有特別重要的影響。

國外大型製造業集團化的企業數量在1980－2000年大量下降。與此同時，過去十多年，國資委對國資提出的要求是國有企業要「做大做強」，這是國資委前一段一直強調的中國國企發展的趨勢。但問題是：做大之後，能不能做強？2012年，國務院發展研究中心和世界銀行做了一份中國2030年的研究報告，裡面提到，中國經濟改革的難點和關鍵點就是國有企業效率的提升。越來越大是不是真的能夠變得越來越強，這取決於國家的政策和企業的努力。

專業化的企業越來越多，多元化的企業越來越少，這是過去三十多年國外大型企業出現的一個趨勢，特別是在美國、歐洲，這個趨勢很明顯。為什麼會這樣？下列是我們的一些研究成果，由此也可以思考一下中國企業下一階段的發展方向。

2004－2010年，中國滬深300成分股平均每家公司

的業務板塊，從原來的2.4個上升到約2.9個，上升了25％～30％。由此可以看出，中國企業在朝著多元化的趨勢發展。當然，由於中國經濟發展的階段和發達國家不同，國情、企業年齡也不盡相同，因此這種多元化的發展趨勢並不存在很大的問題。

對這些企業來說，它們的營運效率如何？是專業化的企業更好，還是集團化的企業更好？研究發現，對於滬深300成分股企業來說，隨著企業業務板塊數量的增加，股價淨值比（PBR）、股東權益報酬率（ROE）、資產報酬率（ROA），以及投入資本回報率（ROIC）都呈下降趨勢。可以看出，資本市場並不是很認可這種多元化發展。因此，在中國資本市場不是很完善、發達的階段，從股東回報和資本回報的角度來說，做大不一定能做強。與此同時，研究發現，如果有些公司逐年減少板塊數量，股價淨值比往往是最高的。

這一點其實並不難理解。從國際上來講，無論是基金、公司資產，還是整體銷售，隨著企業規模的擴大，管理的難度和挑戰也會隨之變大，企業的運作績效和盈利水平也會因此降低。這也在一定程度上解釋了為什麼資本市場會在公司公布收購計劃的時候，給出大體負面的反應。那麼，公司高管為什麼這麼熱中於兼并收購呢？我們會在之後對高管行為的討論中，給出更多兼并收購活動有利於高管、但不利於股東和投資者的解釋。

500強的排擠效果

2019年，美國《財富》世界500強企業榜單出爐，在世界銷售規模最大的500家企業中，有129家來自中國，歷史上首次超越美國（121家）。這是一個歷史性的變化，從2013年到2019年，中國企業經過短短幾年，就實現了和美國企業並駕齊驅的驕人成績。

很多媒體注意到，中國上榜企業大多是國有企業，而且有很多是在壟斷行業具有壟斷地位的大型中央國企。這一趨勢又讓人不禁想起過去一段時間以來一直困擾中國經濟的中小企業融資難、融資貴的問題，不禁想到如何真正讓民營企業獲得市場公平的競爭地位，以及中國經濟下一階段增長模式等重要問題。

要回答中國經濟的這一系列問題，可能就要討論一個在中國相對沒有受到足夠關注的「排擠效果」的問題。什麼是「排擠效果」？這是經濟學家最初對凱因斯學派利用政府消費，利用政府刺激推動經濟發展提出的一種質疑。很多經濟學家指出，在政府透過政府消費和投資達到刺激經濟的目的的時候，確實可以創造一種新的需求，也可以在短期推動經濟發展。但是，在政府提供大量的投資和刺激政策之後，就會對原來存在於經濟中的私營經濟，或者市場經濟中原有的需求和投資的動力，形成一種壓抑和排擠效果。有可能因為政府進行了大量投資，導致社會利率水平上升，也導致很多原本可以進行投資和生產的民營企業，因為成本上升而決定不再進行投資

和生產。還有一個可能，就是隨著政府投資提供越來越多的產品，導致私營企業的發展空間受到擠壓。

「排擠效果」問題的核心，就在於無論對於一家企業的發展，還是一種經濟增長模式的發展，都需要給出一個全面和正確的評價。我們不能只是因為看到一個經濟裡面一個部分的高速發展，就盲目認為這一定是一件好事。因為從總體經濟的角度看，隨著經濟中某一部分的發展，很可能會影響經濟中其他部分的發展，甚至有可能阻礙或破壞經濟發展的可持續性。

因此，國有企業的發展壯大，也有可能給中小企業帶來排擠效果。這裡面很直觀的一點，就是在過去幾年大家常說的「國進民退」現象。在這個過程中，很多國有企業利用資源、資金、監管上的優勢，占據了大量本來屬於私營企業或中小企業的市場空間。

在這個過程中，隨著產業的逐漸集中化，集中、甚至壟斷領域的消費者，往往要支付更高的價格。不僅如此，很多大型企業，利用在壟斷行業的優勢和高額利潤進入那些原本競爭比較充分的領域，久而久之，又有可能創造出新的集中和壟斷性行業。大型企業在人才、原物料和經營方面的優勢，給那些沒有壟斷資源和優勢的企業的發展與存活帶來巨大的挑戰。

大型企業因為規模和營運相對穩定，也會特別得到銀行的青睞。基於風險考量，銀行很可能更願意以較低的利率向大型企業提供貸款，而不願意以更高的利率向中小企業提供貸款。這從一定程度上間接擠占了中小企

業的融資途徑，也進一步加重了中小企業融資難的問題。從這個角度來講，大企業發展的排擠效果，並不僅僅局限在價格信號和需求環節，可能在各個領域潛移默化地產生影響。

另外，經濟學研究表明，政府行為的排擠效果，在不同歷史時期和不同經濟環境下的影響是非常不同的。在經濟運作遠遠不能達到完全產能水平的時候，政府消費和刺激可以進一步推動經濟發展。

如果在經濟已經接近產能極限，再利用政府刺激，則很難產生更多的社會總需求。結果往往只是排擠效果：把原來由民營企業或市場經濟提供的產品與服務，以政府的投資和刺激的手段提供出來，這對經濟增長的貢獻相當有限。在中國目前主要產業都出現產能過剩的情況下，進一步刺激經濟或推動國有企業擴張，有可能抑制民營企業和中小企業的發展。

國際經驗表明，隨著中國經濟逐漸進入中高收入水平國家的經濟發展階段，中小企業在持續推動經濟發展、就業增長、商業模式創新和技術進步，以及社區和城鎮化進程方面，都可能發揮大型企業所不能發揮的作用。

因此，**如何平衡《財富》世界500強企業和中小企業的關係，其實對於下一階段中國經濟增長模式的轉型、城鎮化的發展，以及市場經濟和金融體系的進一步改革，都會發揮舉足輕重的作用。**

在為中國有越來越多的企業入選《財富》世界500強歡欣鼓舞和鼓足幹勁的同時，一定要抱持「均衡」的

理念，全面地考量任何一個事件對經濟和社會的影響和衝擊。片面地追求規模、追求排名、追求短期業績，無論對企業本身，還是對整個經濟和社會，都可能帶來令人始料未及的風險和後果。

07

損人利己的高管

有些公司高管為了達到讓自己的期權增值的目的，會故意參與或
投資一些高風險項目，這會增加公司面臨的風險。如果這些風險
帶來收益，那麼收益會被公司高管以獎金和股權的方式獲取。
如果這些風險帶來損失，那麼將由股東買單。

高管薪酬

在本章，我們將具體討論一下高管對公司掌控能力的一個重要方面，即公司高管的薪酬問題。公司高管薪酬已成為全世界和全社會高度關注的問題，這在一定程度上也是2012年在美國出現「占領華爾街」（Occupy Wall Street）運動的原因。遊行者表面上反對華爾街拿高薪的高管，其實反對的是整個美國商業社會的貪婪。從1970年到現在的五十多年，在扣除通貨膨脹因素以後，企業高管薪酬上漲了4倍左右。與此同時，美國的普通員工，也就是普通的藍領或白領職工的薪酬，在扣除了通貨膨脹因素後，基本上沒有什麼實質性上漲。公司高管這種400％收入上漲的背後，其中一半左右的薪酬上漲來自股權激勵，另外一半來自薪資和其他福利的增長。同時，高管的高薪酬逐漸成為一個全球現象，不僅在美國，包括中國在內的其他國家，企業高管都拿到了越來越多的公司股權和越來越高的薪酬。

高管薪酬在過去二十多年裡，成為全球性的社會問題。最開始，這只是一個少數人收入比較高的問題，隨著高管整體薪酬越來越高、享受高管待遇的人越來越多，高管薪酬逐漸成為一個重要的社會問題。我們將在第12章談到2012年美國的「占領華爾街」運動，很大程度上就是反對高管薪酬和高管薪酬背後的這種比較急功近利的公司文化。

那麼，高管的薪酬到底有多高？我們可以從兩個維

度來看待這個問題。

　　一方面，從絕對水平的維度來看，美國有一項調查發現，即使在2007－2008年金融危機期間，高管的平均薪酬仍高達1,100萬美元。這是在當年美國股市下跌30％的背景下，在廣大股東承受高額損失時的薪酬。股價大跌，但高管的薪酬卻沒有明顯下跌。根據美國《福布斯》（Forbes）雜誌的統計，2012年美國收入最高的高管是麥克森公司（McKesson Corporation）的CEO，他在一年裡獲得的所有薪酬加在一起是1.3億美元。他在五年的時間裡，薪酬總額高達2.85億美元。在同樣的時間裡，還有一些企業高管，雖然在2012年的收入沒有麥克森的CEO這麼多，但是因為這些高管持有大量的公司股票和股權激勵，其實總薪酬比麥克森CEO的薪酬還要高。

　　另一方面，從歷史的維度來講，高管的薪酬和普通員工的薪酬之比，也達到了一個非常驚人的水平。有研究把美國高管的平均薪酬和普通員工的平均薪酬做了一個比較：1966年，前者是後者的25～30倍；1980年，前者是後者的40倍左右；1990年，基本上達到了100倍。此後，兩者的差距完全失控，在2000年網際網路泡沫最高峰的時候，達到525倍。這個比例隨著網際網路泡沫的破裂，得到了一定程度的修正。這裡面的一個主要原因是：很多高管的薪酬不僅僅是薪資，更多來自公司授予的一些股份或可以低廉價格購買公司股份的股權。這種股權在牛市的時候，是非常有價值的。在2007－2008年金融危機期間，雖然情況比網際網路泡沫的時候稍微

有所改觀，但是仍處在一個歷史高值。2006年，高管的收入是普通員工收入的364倍，在2007年則達到344倍。

其實，很多人並不是特別瞭解當前高管薪酬的構成，只是關注高管每年拿到的薪酬。事實上，高管薪酬的大部分並不是來自薪資，薪資只占公司高管收入的一部分，甚至一小部分。公司高管的收入，通常由薪資和短期激勵或獎金兩部分構成。如果公司高管達到了某些目標，比如成功完成一次收購業務，或是幫助公司進行了國際性的擴張，或是幫助公司提升營運效率，都可以獲得額外的獎金。

高管的收入構成裡面，增長最快的一部分，則是公司的股權激勵。公司會發給高管一些可以自由交易的股票，或是受限制短期不能賣出的股票，或是可以低價購買公司股票的股權。在這些激勵形式中，增長最快的還是公司發放的股權。公司高管在完成某些任務之後，或是公司營運達到了某些標準之後，就可以獲得大量的公司股權。從一定意義上來講，很多學者或監管者當初建議利用股權激勵高管，就是希望能夠把公司高管的利益和股東的長期利益結合在一起；股票價格上漲之後，股東可以從中獲利，公司高管也相應受到鼓勵或從中獲利。

但是，在真正實行的過程中，存在了兩個很大的問題。第一，公司高管在進行某些操作的時候，占據資訊優勢。美國在1990年代出現了一個比較普遍的現象：公司在給高管提供股權的時候，往往會挑一個比較「好」的時候，例如：往往會選擇公司股價大跌之後，或是在

好消息宣布之前，給高管提供一個集中購入股權的機會。第二，公司董事會給高管發放股權，很多時候也是在公司高管的授意或要求之下，有些時候是因為公司高管瞭解公司情況，而利用這些情況給自己的股權合約提供一些有利的信息。

過去數十年間，這種有利於公司高管薪酬的期權回溯的問題在美國非常普遍，學者、監管層和美國國會都對這個問題給予了高度關注。其中比較有名的，就是博科通訊系統公司（Brocade Communications Systems, Inc.）在1999－2004年網際網路泡沫的過程中，使用了不正確的計價，給公司高管提供了大量的股權激勵。最後，透過正確的計價之後發現，公司給高管提供的優惠股權，給廣大股東帶來了7億美元的損失。其他比較有名的案例，包括蘋果公司的CEO賈伯斯、電腦大王戴爾公司（Dell Inc.）的CEO麥可‧戴爾（Michael Dell），他們也都是在公司給高管發放股權的時候，因為計價不準確和信息披露不完備，受到美國證券交易委員會的調查。這在美國曾是一個比較普遍的現象，據不完全統計，在美國共有三千多家上市公司採取過不同方式的重新計價來給高管發放股權。這種重新計價的期權回溯發放，其實對於股東來講沒有任何意義，卻給公司高管帶來了巨大的收益，因為這種廉價股權幾乎相當於給公司高管提供無償的獎金獎勵，所以高管往往可以輕易套現公司股票。這其實是公司高管利用公司治理的漏洞，來提高自己的薪酬。但由於這種激勵幾乎沒有任何約束和限制，

所以公司高管獲得的高收入，完全是以股東權益的損失為代價的。

公司給高管發放更廉價的重新計價的股權合約，是股權激勵產生的問題之一。股權激勵產生的另外一個問題，就是公司高管和股東對長期股票表現的追求不同。因為公司高管拿到手的股權合約的價值，會受到公司股價波動的影響，這使得高管比較關注公司短期的表現和投資收益，未必關注企業長期的發展和目標。股權理論表明，一家公司的股價波動越大，公司高管持有股權的價值也就越高，這是衍生商品或股權領域的一個基本理論。從這個角度來講，很多公司的高管因此會有很強的動力冒更大的風險，使得公司的股價更具有波動性，以達到增加自身股權價值的目的。有些公司高管為了達到股權增值的目的，會故意參與或投資一些高風險的項目，來增加整個公司的風險。這些風險如果帶來正向的結果，那麼收益是由公司高管以獎金和股權的方式獲得的。但是，如果這些風險導致損失，那麼很可惜，這些損失都將由股東承擔。

股權激勵最初是希望有效地把高管的利益和股東的利益綁在一起，公司高管在很大程度上確實也發揮了提升企業價值的作用。本書之所以對公司高管的薪酬進行解讀，是基於下列四個原因。第一，很多投資者並不瞭解公司高管的薪酬竟會如此之高，而且這些公司高管的薪酬是以股東的收益為代價的。第二，很多投資者並不理解公司高管的薪酬構成，不知道股權、薪資、在職消

費分別占多少比例。第三，很多散戶即使知道公司高管薪酬的這些問題，也很難對公司政策和高管的薪酬進行有效監督與約束。第四，很多大型機構投資者為了保持和公司高管的良好關係與通暢的溝通管道，也不會特別嚴厲地約束公司高管的薪酬水平。在這種大環境和背景下，投資者應該瞭解公司高管的收入為什麼一直上漲。

到底有沒有必要給公司高管提供這樣豐厚的獎勵呢？目前從學術和政策研究的角度來看，並沒有一個明確的答案。支持者認為，拿到高薪的高管與那些薪酬相對較低的高管相比，確實能讓公司股票在短期表現得更好。反對者認為，比較好的股票表現只是一個短期現象，如果考慮股票的長期表現，實際上拿高薪的高管和薪酬相對較低的高管所管理的公司的股票，長期表現相差不大。拿高薪的高管所管理的公司的股票短期表現比較好，是因為這些高管在短期之內有非常強的動力推升公司的股價，使得自己獲得更高的收益。從這個角度來說，**高薪只是達到了激勵高管的目的，沒有真正把高管的目標和投資者的長期目標很好地結合在一起。**

同時，可以想像，公司高管在拿了高薪之後，可能會出現兩個問題。第一，高管會覺得自己不可一世，進而改變自己在公司內部和外部的行為與態度。高管的行為與態度，有時又會引發社會對於公司管理層的不滿。第二，由於高管的薪酬如此之高，容易引發中產階級和普通員工的強烈不滿，這在一定程度上也會挫傷或打擊員工的積極性。從管理的角度來說，公司高管的薪酬問

題，確實值得思考。

在職消費

　　現在美國很多公司的高管，意識到公司董事會、包括美國國會對他們越來越關注，而現金或股票激勵的方式，不但在稅收方面沒有優勢，也很容易引發社會關注，因此逐漸學會用「在職消費」的方式來滿足自己的需求。

　　根據對美國高管在職消費的調查，67％高管的在職消費包括社交派對和聚會，55％高管的在職消費包括公司配車，33％高管的在職消費包括離職的黃金降落傘（Golden Parachute）安排，17％高管的在職消費包括個人財務管理諮詢，10％高管的在職消費包括配偶的差旅費用。由於美國人力成本高昂，所以對高管來說，這些服務比稅前收入更實惠。公司為高管提供用車是相當普遍的現象，很多公司還提供私人商務飛機或直升機服務。

　　除此之外，很多公司都會為自己的高管長期租用非常昂貴的公寓，這一點在很多國際投行的中高層管理人員中屢見不鮮，而費用說到底都是由股東承擔。

　　根據非營利性機構的調查，蓋帝信託公司（J. Paul Getty Trust）的一位高管，曾要求公司給他一輛保時捷卡宴（Porsche Cayenne）作為公務用車；美國大型連鎖梅西百貨公司（Macy's, Inc.）的CEO，要求股東拿出8.7萬美元將他的悍馬吉普車（Hummer）改裝成完全防彈的，有人說他那輛車其實比坦克還要堅固；奇異公司在

CEO威爾許退休之後，為其提供終身房租，而他在紐約的公寓租金高達每月8萬美元。美國的維亞康姆公司（Viacom, Inc.）在與CBS公司合併之後，由於有兩位高管都要搬家，所以在搬家之前，雖然他們仍然住在自己位於紐約的家裡，但是公司為他們提供了「臨時住房補貼」，分別為10萬美元和4萬美元。有人戲稱，這是史上最輕鬆的「搬家」了。

這就是「在職消費」的魅力。

美國大陸航空公司給所有的董事，提供可以終身免費搭乘大陸航空公司航班的福利。公司同時保證，如果董事去世，他們的家庭成員每年還可以繼續享受十年每年一萬美元的大陸航空公司的飛行禮券。谷歌也以名目眾多、新奇的在職消費福利而著稱。谷歌每年支付130萬美元，向美國國家航空暨太空總署（NASA）租賃公司附近一個飛機場的跑道，用於谷歌高管的私人飛機起降。每年130萬美元的費用，自然完全由谷歌的股東承擔。這些就是我們講的「損人利己的高管」的在職消費。

再講一些比較極端的案例，美國有一家公司名叫泰科（Tyco），因為財務欺詐受到美國證券交易委員會的起訴，我們講的這個事件的主角，也因為這場財務欺詐受到起訴，在監獄裡服刑了超過六年半。他在擔任泰科CEO期間，經常使用公款進行消費。有一年，他以特殊股東大會的名義，邀請了75位好友在義大利的薩丁尼亞島給自己的太太慶祝生日，還花了25萬美元邀請一位著名歌星專程飛到薩丁尼亞島為大家演唱。那次總共花費

了200萬美元，所有費用都由股東承擔。此外，媒體還爆料，他在裝修自家公寓時，用公款買了一根價值6,000美元由黃金包裹的浴簾橫桿。可以想像，連這種物品都可以用公款購買，基本上沒有什麼是不可以透過公司的在職消費來滿足的了。

如果你覺得前述這些在職消費太離譜了，下列還有更離譜的：美國家政女王瑪莎‧史都華所在的上市公司，曾為其支付了260萬美元以保留她的私人別墅，公司每年還會向她支付5萬美元，用於週末雇用司機和車輛；阿貝克隆比＆費奇公司（Abercrombie & Fitch, A&F）給前任CEO麥克‧傑佛里斯（Mike Jeffries）支付了400萬美元的特別獎金，以勸說他放棄先前公司承諾的無限量商務機旅行計劃；美國西方石油公司（Occidental Petroleum）以前每年向其前任CEO雷‧伊拉尼（Ray R. Irani）支付39萬美元，用於其購買個人理財服務；拉斯維加斯金沙賭場曾向其已逝董事長謝爾登‧阿德爾森（Sheldon Adelson）提供價值245萬美元的安保服務，並以600萬美元的價格租賃了兩架波音747客機供其使用。

在職消費除了肥了高管、苦了股東之外，還有什麼害處呢？研究者認為，私人商務飛機服務是公司為高管提供過度在職消費的證據。有研究表明，1993－2002年間，美國的《財富》世界500強公司，有不少為高管提供了私人商務飛機服務。公司能夠提供這麼慷慨的在職消費，一方面說明了這些公司賺了很多錢、現金流充裕，但沒有把利潤返給股東；另一方面，這也說明了這

投資者的敵人

些公司高管在公司的營運過程中有非常大的話語權，可以說服或要求公司給他們提供比較過分的個人福利。研究發現，無論是何種私人服務，服務越多，公司給股東的回報就越差。

這就說明了，不受約束的在職消費，既不能給公司高管提供很好的激勵，也浪費了投資者的大量財富。這直接導致公司高管獲得了很高的收益，但公司股票的表現卻較差，公司股東的投資收益也相對較差。從這個角度來說，在職消費給公司高管帶來的是美好的享受，給公司股東帶來的卻是糟糕的回報。

還有一些公司高管，會以企業的名義進行捐贈，將資金捐給他們支持的慈善機構，或者給體育場冠名。比如，姚明曾經效力的休士頓火箭隊（Houston Rockets）的主場豐田中心球館，就是以日本豐田汽車公司（Toyota Motor Corporation）命名的。要給體育場冠名，公司必須購買這些體育場的冠名權。研究表明，這些給體育場冠名的公司，股票表現和同類公司相比，在冠名後均出現了比較明顯的下滑。

研究還表明，這些公司會把較多的資金，投到不能給股東帶來明顯收益的地方。這也說明了這些公司的現金流比較充裕，但沒有進行有效的投資，因此沒能給股東帶來更多的財富，反而浪費了股東的資金。從這個角度來講，以在職消費激勵公司高管有非常大的局限性。

還有很多研究發現，公司除了股權激勵之外，還會給高管提供大量不需要抵押的貸款。第一，這些貸款金

額很大。在美國世界通訊公司（WorldCom）破產之前，給自己的高管提供了4億美元左右的貸款。第二，這些貸款不但金額巨大，而且成本很低。當時，整個市場的貸款利率是5.5％，而世通公司給高管提供的貸款利率只有2.15％，大幅低於市場利率。這其實是給公司高管提供了一大筆現金流，是成本非常低廉的融資。

即使這些高管獲得貸款，也並不會嚴格執行較低的利率。比如，公司因為要與高管解除合同，或者因為公司股價大幅下跌，高管沒有獲得原來預期的股權收入，有些公司就會對高管說：「你不用償還公司之前借給你的低息貸款了，補償你沒有獲得的收益。」無論採取什麼方式，我們發現，高管在這個過程中都會獲益，受損的都是上市公司及其股東。

還有一點，他們在目前高薪的前提下，多掙5萬、10萬、100萬對他們來說，並沒有太大的區別。因此，對於這些高管來說，賺更多錢並不是他們的追求，他們追求的是社會地位或行業影響力。因此，很多高管雖然在這些直接或現實的在職消費上沒有獲得更多好處，但是並不在乎，他們追求的是把公司做得更大、更強，讓它在整個行業、乃至整個世界更有影響力。我們在前文中談到，高管很希望將公司做大。但研究表明，規模越大、結構越複雜、業務條線越多，公司的財務和營運往往越會出現問題。

這裡面就有一個悖論：高管利用他們的權力和對公司的控制，能夠將公司做得更大、更有影響力，這會讓

他們在物質、精神與社會地位上獲得豐厚回報，卻不會給公司股東帶來更好的收益。

美國投資者和大眾能從網路上獲得比較全面的訊息，因此對上市公司的監督相對嚴格。另外，美國有些對沖基金專注於提升公司治理和趕走浪費股東資金的高管，也對公司高管施加了更多的約束。由於缺乏這種成熟的市場環境，在職消費在中國非但不陌生，可能還存在著比美國更嚴重的問題。天價吊燈、天價酒、超標配車、「三公」消費、*大吃大喝，在中國都是較為普遍的現象，情況可能還比我們知道的更為嚴重。在中國的激勵機制裡面，由於不允許進行股權激勵，很多高管便利用在職消費的方式激勵自己。

其實，隱性的在職消費，不如顯性的股權激勵對公司有益。因為股權激勵至少給高管提供了一種提升股價的動力，也就是說把股東的利益和高管的利益在一定程度上結合在一起，但如果只提供在職消費，那麼公司實際上提供了一種基本沒有約束的補償。高管即使獲得了豐厚的在職消費，也不一定有很強的動力管理公司並提升股價。從這個角度來講，基本上是股東在為公司高管的在職消費買單。

根據筆者在中國的研究，由商業銀行較多持股的上市公司的高管的薪酬雖然並不是很高，但是在職消費比

---

* 出國（境）費、車輛購置及運作費、公務接待費這三項經費。濫用的不良行為常引發社會關注。

較嚴重。同時，中國A股市場沒有明顯的證據表明，提供在職消費可以更好地激勵高管，可以幫助公司獲取更高的股權收益。**從股東的角度來講，在職消費完全是以股東的利益為代價，給公司高管提供福利。**

高管壕溝效應和關聯董事

所謂「壕溝效應」，就是說一家公司的高管可以挖一條壕溝，用董事和董事會作為防禦機制，防範其他公司對自己的公司進行收購。在資本運作中，收購對於股東來說是一項非常有利的交易，因為被收購方的股價往往因為收購方提出要約而大漲，這會給被收購方股東帶來較高的收益。為什麼公司有時會被其他公司收購？有時是因為這家公司本來經營得很好，但公司高管沒有很好地盡到提升股東價值的義務；有時是因為公司高管把很多財富用於自己的在職消費，用於一些不利於公司增長的方面，浪費了公司的資源。在這些情況下，外界的股東或投資人透過收購這家公司，改善公司治理、更換管理層，可以達到提升公司營運效率和股東回報的目的。

高管有時會透過利益輸送或與其他企業搞好關係，說服董事站在自己這一邊。在1980～1990年代，美國企業為了防止惡意收購，推出了一項很重要的防禦措施，即分層或分類的董事會。這種做法把董事會的不同人員，分成不同的層級或類別。在此前提下，不同層級或類別的董事不能同時被更換掉，必須分層或分類更換。這樣就增加了收購方控制董事會的難度，也增加了收購

方整合被收購公司的難度。這樣一來，一方面高管可以利用這種方式，加強自己對董事會的影響，同時加強自己對公司的掌控。另一方面，為了獲得董事的支持或認可，高管也會用比較有吸引力的商務活動增強董事對自己的好感，贏得董事會成員對自己工作的支持。這就是損人利己的高管的「壕溝效應」。

為了保護自己和提升自身影響力，很多高管還會嚴控董事會的結構以保護自己。眾所周知，公司董事會應該代表公司股東遴選、考評和約束高管，尤其是總經理，但是隨著美國資本市場裡董事會和總經理之間的鬥爭愈演愈烈，現在董事會越來越傾向於支持高管（除總經理）。在此前提下，高管（除總經理）在整個董事會選舉過程中的影響力越來越大。與此同時，高管（除總經理）在對待董事的時候，也會給予特殊關照。

相關研究發現支持前述觀點的證據。例如，在美國上市公司的董事會裡，非常有可能出現兩種人：一是和高管上過同一所學校或同一個俱樂部的成員；二是那些和高管進行過一些兼并收購交易，有過密切往來的人員。這些人成為公司董事後，往往會造成兩種影響：一方面，董事會可能變得越來越支持高管，即出現了公司董事會的壕溝效應；另一方面，高管和董事都會對惡意收購加倍提防，發揮了保護現任高管的作用。

整個董事會穩定性的提高，保證了董事會可以相對穩定地支持公司高管。與此同時，那些和公司高管業務關係比較緊密的外部董事，無論來自其他公司、商業銀

行還是投資銀行，一旦由他們擔任上市公司的董事，對公司的業務發展確實就會產生一些影響。這些董事帶來的影響，對於他們所效力的上市公司的發展未必有很好的幫助，但是有可能對董事自己及其全職工作的公司產生一些幫助。

舉例來說，有研究發現，如果董事是從其他企業聘請的外部董事，在擔任董事期間，更可能促成自己公司和自己擔任董事的公司進行一些關聯性的交易，比如兼并收購或共同經營合資企業等。如果董事來自商業銀行，公司今後很可能從這家商業銀行獲得更多的商業貸款。如果董事來自投資銀行，這家投資銀行今後可能會為這家公司做增發業務、債務發行業務，或者為兼并收購業務提供財務顧問服務。也就是說，董事在支持高管工作的同時，高管也會投桃報李。在公司治理的理論和實務裡，原來的董事會嚴格監督高管、高管接受董事會監管的關係，變成了現在的董事會成員和公司高管之間相互幫助、相互利用的關係。因此，原來董事會應承擔幫助公司股東對高管進行監督的職責，在一定程度上被弱化，兩者的關係變為一種更緊密的商業合作關係。

離職安排：黃金降落傘

高管除了在上市公司任職時能夠享受豐厚待遇，離職時也能夠享受「皇室」般的優厚待遇。所謂「黃金降落傘」，是指公司在高管退休時，給高管提供的非常優厚的待遇和安排。這種「黃金降落傘」的安排，往往是

出於兩種不同的目的。一是公司找到了新的或更好的管理層，為了讓新舊管理層能夠順利交接，而給現任的高管提供一個待遇優厚的退休計劃。二是公司在兼并收購的過程中，收購方為了勸說被收購方把公司賣給自己，並引入收購方的新團隊，而給被收購方的高管提供很好的安排，以勸說他們離職。所謂優厚的安排，既可以是獎金，也可以是股票與其他的一些利益。這種做法從1960年左右開始出現，現在被應用得越來越多。

法國可能是歐洲使用黃金降落傘比較多、規模比較大的國家。在法國，高管在離職的時候，通常可以領取相當於其平均年薪兩倍的離職獎金。而在美國，這種趨勢也愈演愈烈。2008年全球金融危機期間，就連當年美國總統候選人都曾針對是否應該允許黃金降落傘，以及如何執行黃金降落傘而展開了非常激烈的辯論。黃金降落傘的安排，已經越來越引發社會的廣泛關注，不少高管的退休福利甚至超過一億美元，連很多已經對高管的高薪酬見慣不怪的國家，都感到非常震驚。

在這裡，我們可以舉幾個極端的例子，來說明黃金降落傘的「含金量」可以高到什麼地步。這裡面最有名的是奇異公司的高管威爾許。威爾許在成功帶領奇異成為全美最大的綜合性控股公司之後，獲得了全球企業界的廣泛認可。他在2001年退休的時候，一共獲得了4.17億美元的退休福利，這還不包括公司在紐約中央公園附近為其租的一間月租高達8萬美元的公寓，以及所有紐約市一線體育賽事和表演的最佳座位門票。美國有超過

20位高管在職業生涯結束時，獲得了超過一億美元的黃金降落傘。很多公司在給予高管退休福利的時候，金額不是按照他為公司創造的利潤來計算的，而是按照他在退休或離職時，公司總銷售收入的0.1％～0.2％來計算的。對於很多市值超過千億美元、銷售超過百億美元的企業來說，這是一筆非常大的數目。從這個角度來說，公司高管不但在職的時候透過薪酬、在職消費達到了自己的消費目的，在離職的時候也獲得了優厚的待遇。

高管的這種待遇，飽受各界批評。支持的人說，黃金降落傘能夠幫助公司更容易找到更好的管理層，同時讓現任管理層平穩離職。黃金降落傘也能夠幫助公司管理層更專心管理公司業務，不用考慮公司是否會被收購、如何防止收購等與股票價值沒有太大關係的事。

反對者認為，高管獲得的高額薪酬，足以讓他們應對被解雇的風險。世界上任何一種職業、任何一個崗位，都可能面臨被解雇的風險，這是不可避免的風險，不該為此支付額外的報酬。同時，高管應該為公司利益盡心盡力，找到更好的人取代自己，從而讓公司利益最大化，本來就是高管的職責，所以不該再接受其他收益。

反對者還列舉了其他理由。他們認為，公司在提供黃金降落傘的時候，扭曲了公司高管的激勵機制。比如，兩家公司都想收購自己的公司，其中一家公司想在自家公司現有股價上加價20％，另一家公司只想加價15％，但許諾給高管一個非常有吸引力的黃金降落傘。被收購方的高管可能出於自身利益的考慮，更偏向接受

後者的收購報價。

　　由於這些有爭議的情況，美國在 2008 年金融危機之後，推出了《多德－弗蘭克法案》（Dodd–Frank Wall Street Reform and Consumer Protection Act），要求在安排黃金降落傘時，公司必須及時披露相關資訊，並且必須經過股東大會批准。

08

激勵機制
對高管行為的影響

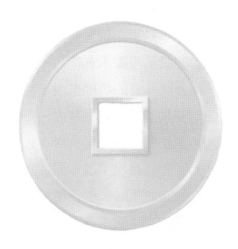

透過股權來激勵高管的初衷是好的，但是在執行的過程中，正是因為
有了股權激勵，公司高管的目標與股東的長期目標不會趨於一致，
而會趨於不一致。有時，公司高管考慮的，並不一定是股東的
長期投資收益，而是如何最大化自己持有的公司股票的價值，
如何讓自己的財富進一步增長。

這些年來，公司高管的薪酬大幅上漲，其中50％左右是以股權形式發放的薪酬激勵。在獲得股權激勵之後，企業高管有很強的意願，要把公司股價在短期之內推高，透過股權升值獲得更高的收入。隨著越來越多的公司，採用以期權或股票的方式激勵高管，高管有時會有一些自私的動機，或者做出一些不利於企業和股東長期利益的決定。

透過股權激勵高管的想法是好的，但是在執行的過程中會發現，正是因為採取了股權激勵，公司高管的目標跟股東的長期目標不是更一致，而是更不一致了。可以想像，公司高管的股權激勵，有很大一部分來自股票的波動。所以，從公司高管的角度來說，他們希望公司的股價產生更強的波動；股價波動越大，高管所持有的股權價值就越大，也就意味著公司高管本人能夠獲得更高的收益。國外的研究也發現了這一點：持有公司股權越多的高管，所在公司股價的波動幅度也就越大。這印證了下列事實：有時公司高管本身考慮的，並不一定是股東的長期投資回報，而是如何最大化自己持有的金融資產的價值，如何讓個人財富進一步增長。

此外，在美國還有其他研究發現，比如：上半年或前三個季度排名比較落後的基金經理人，到了下半年或最後一個季度，會大大提高投資組合的風險（中國也曾出現過類似的情況。）由於基金經理人每年都有排名，排名比較靠前的基金經理人會獲得很高的獎金，甚至獲得明星基金經理人的頭銜，排名比較落後的基金經理人

可能會面臨減薪、甚至被換掉的結果（在中國，基金經理行業有末位淘汰的做法。）如果基金經理人的績效不好，很可能會被淘汰，因此我們注意到，在下半年、特別是後面幾個月裡，那些在上半年投資績效比較差的基金經理人，往往會大幅擴大整個投資組合的暴險。隨著暴險擴大，基金淨值就可能產生更強的波動，收益的波動性也越來越大。對於上半年表現不是很好的基金經理人來講，如果他們的運氣夠好，高波動率是可以給他們帶來比較好的收益，幫助他們把上半年落後的績效追回來，也幫助他們保住自己的飯碗。但如果他們的運氣比較差，後幾個月的績效也比較差，他們也並不在乎，因為上半年他們的績效本來就比較差了，再差一點兒對他們來說也沒什麼區別，反正到了年底都會丟掉飯碗。

根據筆者在台灣的研究發現，對於在台灣股票交易所交易股指期貨的交易員來說，他們在同一個交易日裡，如果上午賺錢了，下午很可能會降低自己的風險；相反地，如果在上午虧錢了，可能會在下午增加自己承擔的風險。他們之所以這樣做，也是因為想要透過提高波動率、增加風險，把上午的損失彌補回來。

一定程度上，這可能是因為交易員有一個心理上的平衡：希望每天收市的時候，都能處於一種不承受損失的狀態。另外，這可能也跟期貨公司的考評標準有關，有些公司會考評一個交易員在一個月有多少天在收盤時是贏利的，或者在每週內是虧損、還是贏利的。如果公司用這些標準來考評交易員績效的好壞，將會導致交易

員策略性地調整部位和暴險，以調整整個投資組合的收益和風險，從而順利達到公司的要求。

這些證據都表明，**無論是企業的高管、公司的董事，還是公募基金的基金經理人，他們在進行管理的時候、在執行的時候，或是在交易的時候，會更多地考慮切身利益，不一定會把股東或企業的利益放在首要位置。**

決定高管薪酬的因素

接下來，我們繼續探究一下，是什麼因素決定高管可以獲得如此高的薪酬。研究表明，高管的薪酬在一定程度上反映了他的能力，但同時反映了高管對於整個企業管控的能力和權力大小。國際研究表明，董事會的權力越弱，高管的水平越高。如果存在持有較高股權的外部股東，存在大型機構投資者或較多的獨立董事，公司高管的薪酬就會相對低一些。與此同時，如果有機構投資者作為公司的潛在投資者（外部收購的威脅較大），公司高管的薪酬水平也會相對低一些。

從這些角度來講，**公司高管的薪酬在一定程度上，反映了高管的能力和權力大小，即對公司董事會和其他高管的影響力。**有時，公司高管還會利用薪酬諮詢公司給自己的高薪提供理論支持。雖然高管本人不會直接介入高管薪酬的設定，但是董事會和薪酬委員會選定的諮詢公司往往由公司內部員工推薦，如果這些薪酬諮詢公司不支持公司高管的業務，很可能下次就無法獲得這家公司的業務。而公司的人資部門很可能是公司高管的直

接部屬，所以也會為公司高管制定更好的薪酬政策。

如何解決高管薪酬的問題？

我們之前提到了很多公司高管高薪的問題，那麼如何解決這些問題呢？可以從下列幾個方面入手。

第一，從資訊披露入手，必須要求公司更加公開透明地披露公司高管的薪酬，不僅僅是薪資，還包括股票、股權以及在職消費等方面，讓廣大的投資者和公眾知道，公司究竟給高管支付了多少薪酬。

第二，從立法的角度，必須保證公司高管的權利和義務相一致，在獲得收益的同時，必須有對等的付出。要嚴格禁止高管獲得了高薪，卻沒有給投資者帶來很高的投資收益的結果。美國的《多德－弗蘭克法案》要求公司準確地披露股票期權的提供日期和發放日期，兩者之間不能有明顯區別。這也杜絕了先前提到的期權回溯問題，即公司以比較低的價格向公司高管發放股權，為其帶來更高的收入，而不是真正激勵他們給公司帶來更好的業績的錯誤做法。此外，除了顯性的薪酬之外，高管還會有很多在職消費福利和退休之後的福利，這些都屬於隱性薪酬。現在美國和其他很多國家的法律，都未要求上市公司把公司高管的整個薪酬體系在財務報表裡公布，所以很多公司會利用這種法律漏洞，不完整地披露公司高管的薪酬，只披露必須披露的訊息，比如薪資和獎金，而把高管的其他大量在職消費、退休後的養老金等福利隱瞞起來。這部分的收益其實比大家想像的更

高，若想改革公司高管的薪酬制度，法律應該要求公司披露有關高管薪酬的更完整資訊。

第三，必須使公司高管與投資者的長期利益保持一致。我們剛才提到，用股權進行激勵，會對公司高管有很強的短期激勵，導致高管在短期做出比較好的績效，例如：推升股價或透過股票回購等方式提升公司股價。從這個角度來講，公司股東並沒有真正從中獲得長期收益。所以，公司高管必須持有公司股票，從而使得高管的目標和股東的長期目標保持一致。中國的公司在創業板上市的過程中，出現過類似的情況：有些公司高管在上市之後，透過辭職的方式，擺脫自己的高管身分，以實現盡快套現所持有的股票的目的。這反映了整個上市過程中價值分配的不平衡，也反映了整個薪酬機制和立法上的不完備。我們必須要求公司高管能和長期投資者有同樣的利益追求，這樣才能保證高管真正為股東的利益認真工作。

第四，必須考慮公司高管與利益相關方的聯繫。股東對於上市公司來說固然很重要，但事實上公司還有很多其他的利益相關方，比如：債權人、提供貸款的銀行和公司的員工等。從這個角度來說，不僅需要讓公司高管的利益同股東的短期利益綁在一起，還要同公司的所有利益相關方都能連結在一起。因此，在高管的薪酬裡面，除了提供現金、股票之外，還可以考慮提供一些債券形式的激勵方式，作為高管薪酬的重要組成部分。債券在公司表現比較好的時候，才可以有正的收益，在公

投資者的敵人

司表現不好的時候，則會出現負的收益，因此以債券方式支付高管薪酬，可以約束公司高管在追求自身高薪或推高股價的同時，必須顧及整個公司的資本結構和公司長期增長的可持續性。

第五，對稱式的薪酬機制和延遲薪酬發放的制度。在股神巴菲特管理的公司，有很多就採取這種制度。舉例來說，如果該公司高管今年賺了500萬美元，其實拿到手的只有100萬美元，剩下的400萬美元會在今後四年分期發放。在此過程中，如果發現公司高管因為營運不當而給股東帶來損失，公司會保留獲得剩餘薪酬的權利，並將原先已經發放和尚未發放的獎金或薪酬沒收。

2008年全球金融危機之後，很多投資銀行已經開始實行類似的政策。如果交易員在短期之內因為獲利而領取高額獎金，那麼獎金只有一部分能在當年發放，其他的必須交給公司保管。如果在此後發現該交易員確實長期在為公司獲利、並不存在問題，那麼交易員就可以把這些薪酬逐步轉移到銀行帳戶裡。但如果此後發現，交易員其實造成了公司的利益損失，或是造成今後的一些問題，公司可以鎖定未發放的那一部分薪酬，甚至把員工原來領到的薪資和獎酬也沒收，以抵銷公司的一部分損失。原來通行的高管薪酬的做法，是一種不對稱的薪酬：高管只有好處、沒有壞處，只賺錢沒有損失。但隨著公司高管薪酬的不斷上漲和社會對公司高管關注度的提高，這種機制現在變得越發對稱：高管在賺取收益和高薪的同時，必須承擔相應的風險。如果給公司造成損

失，高管必須把自己的獎金拿出一部分來彌補對公司造成的損失，以此承擔相應的責任。

公司高管往往不是在給公司帶來最大收益的時候獲得薪酬，而是在已經給公司創造價值，並且已經得到公司的獎勵時，仍然獲得更多的獎金，這同樣不能使高管為公司或股東帶來更高的回報。有時，高管獲得了高收入，並不是因為公司的股價表現得很好，只是因為大盤或公司所在板塊的走勢強勁。很多時候，公司高管獲得了高薪或透過股票獲得了大量財富，不是因為其對公司出色的管理，只不過正好趕上了一個好年景。因此，用股票期權的方式激勵公司高管，從定價上也有一些不科學的地方：如果股價漲上去，公司高管可以賺很多錢；如果股價跌下來，公司高管並不承擔任何風險。對於股東而言，這種薪酬方式是一種給高管提供待遇的不對稱或不平等的方式。

利用股票期權來給公司高管提供激勵，是為了促使他們努力提升公司股票的價值。但在美國很多研究表明，絕大多數的公司高管在得到股權之後，都不是以長期提升公司價值為目標。很多公司高管在獲得股權激勵之後，馬上就在市場上變現或進行交易。這種沒有持有鎖定期要求的股權激勵，並不能直接激勵公司高管提升公司的股票價值，也不能幫助股東提升收益。而且，有很多細節條款都允許高管在獲得大量的股票期權之後，可以用不同的方式將這些股票再賣給公司，或者公開賣到市場上。可能有人會說，因為公司股價升值過高，公

司高管需要進行多元化的投資；也有人說，因為公司高管個人財務上的需求，需要變現一些股票。無論什麼原因，公司高管獲得大量的公司股票，本來是為了激勵或綁定公司高管和股東的利益，但是真正在執行的時候，股東往往會發現，被綁定的只是股東自己的利益，而公司高管可以利用各式各樣的漏洞，不再受到股東權益的約束。中國的相關研究也表明，即使在持股鎖定期的限制下，公司高管仍可以透過辭職的方式，把自己的股票變現。高管薪酬的改革，也必須致力於逐步堵上這些政策和監管上的漏洞。

總而言之，在高管薪酬和在職消費方面，監管層和高管相比，總是擺脫不了「道高一尺，魔高一丈」的局面。想要真正解決公司高管損人利己的行為，還需要社會整體長期的共同努力。

股東積極主義與併購

值得指出的是，除了公司內部的董事會、提名與薪酬委員會對於高管薪酬及各種在職消費的監督和管理之外，存在於公司外部的公司治理機制，也可以對保護股東的利益、制衡高管薪酬發揮一定的作用。

20世紀下半葉的很多研究表明，併購機制透過併購實現公司權力的轉移或額外的外部監控，有助於公司治理水平的提高。併購機制作為資產重組的主要形式，除了能夠實現加乘效應外，還能強制糾正公司經營者的不良表現。併購可以使外部力量進入公司，介入公司經營

和控制，重新任免公司的管理層，因此併購機制被認為是防止高管損害股東利益的最後一道防線。同時，由於併購機制往往和被收購方企業股價上漲有關，因此併購還是一種保護小股東利益、提升股東權利和價值的手段。

當然，在透過兼并收購改善公司治理、提升股東價值的過程中，人們發現併購、特別是惡意兼并收購，也有其不足和副作用。首先，目標公司管理層一般不會同意對自己不利的交易，因此降低了證券市場對不稱職管理者的懲戒和對高管薪酬的限制作用。其次，很多收購方，尤其是併購基金和私募股權，往往過分強調短期財務收益，而犧牲了很多利益相關方的長期利益。最後，惡意併購中對於現有董事會和管理層的替換與清洗，有時會給企業帶來「巨震」，給企業的經營管理帶來嚴峻挑戰。

過去二、三十年，國際資本市場提升公司治理、限制高管行為的一股新趨勢，是透過股東積極主義（shareholder activism，也稱為股東行動主義）。股東積極主義，是一種透過行使股東權利，向公司管理層施壓的投資策略。奉行股東積極主義的股東，就被稱為積極股東（activist shareholder），積極股東往往透過董事會對公司管理層施加影響，以實現自己及所代表的股東的財務或非財務方面的訴求。

在某種意義上，股東積極主義反映了上市公司的股東，不再滿足於只當觀眾和被動的財務投資者，不再只是「用腳投票」——透過拋售股票來表達自己的不滿，

而是轉為採取積極行動，透過更加積極的公司治理手段，強化自己作為股東的利益，提升自己手中所持有股票的價值。

自2011年起，美國上市公司的高層管理人員的薪酬，開始接受前所未有的嚴格審核，公司的股東將定期投票，決定是否批准公司高管的薪酬方案。這一被稱為「股東決定薪酬」的諮詢性股東投票制度，首先針對的是那些在2008年「不良資產救助計劃」（Troubled Asset Relief Program, TARP）中接受過救市資金的美國金融機構。後來，隨著多家美國公司主動採納了類似的投票制度，於是《多德－弗蘭克法案》規定，所有上市企業都必須執行每三年至少一次的「股東決定薪酬」投票。與此同時，進行投票的美國養老基金和其他大型機構投資者，必須公示投票結果並解釋原因。在透過鼓勵股東更加積極地參與上市公司高管薪酬這一領域，澳洲、荷蘭、南非、挪威和瑞典等國，其實已經走在前面。

2009年，倫敦企業治理諮詢公司PIRC發表了一份研究報告，結果發現，英國於2002年引入了「股東決定薪酬」制度，結果2009年英國企業的整體薪酬水平有所上升。與此同時，該報告還發現，企業高管的薪酬遭到了更多人的反對，有四家公司在股東投票中鎩羽而歸。

和英國的經驗類似，美國絕大部分能對薪酬進行投票的股東，在投票中都很支持公司目前薪酬發放的做法。薪酬諮詢企業韜睿惠悅（Towers Watson）在其一份新聞稿中指出，2010年，只有三家企業的薪酬計劃，未

能得到絕大多數股東的支持；2009年，更是沒有任何溢價企業的薪酬計劃遭到絕大多數股東的否決。

那麼，「股東決定薪酬」制度的優勢究竟何在呢？PIRC的報告指出，**「股東決定薪酬」制度更為重要的一點是，很可能導致高管薪酬中與企業業績連動的那部分所占的比例有所增加。**

韜睿惠悅認為，這項制度的最大好處可能就是：能夠提升企業高管薪酬體系的透明度，在審核力度加大的影響下，公司會在代理權公告和年報中更加注重對於薪酬信息的披露。與此同時，這一規定使得更多股東意識到，高管的薪酬必須和企業的業績連動。**這種趨勢，既對高管獲取薪酬提出了更高的要求，也真正有效地實現了高管薪酬機制、特別是股權激勵機制的初衷。**

融券（賣空）機制對企業的制約

除了兼并收購之外，其實市場的做空投資者，也會對高管過高的薪酬，或者其他損人利己的行為，進行有效的制約和糾正。2011－2012年，一件受到全球投資者高度關注，也讓眾多中國海外上市公司格外緊張的事件是：中國在美國上市的公司（中國概念股）集體遭遇「滑鐵盧」，許多公司的股票在一週之內下跌了20％～30％。尤有甚者，其中幾支被研發機構和「空軍」（賣空大軍）主力特別關照的公司股票，更是遭到腰斬。一時間，中國海外上市公司的股價哀鴻遍野，慘不忍睹。

而這次中國海外上市公司股票集體風波的肇事者，

既非國際知名投行，也非對沖基金大鱷，竟是幾家名不見經傳的獨立研究機構，在傳播中國公司負面研究結果的同時，順便做空中國概念股，名利雙收。

當年在狙擊中國概念股的前後，不止一次出現了國際投行大規模唱空中國市場的事件。「做空中國」好像成了中國經濟轉型，融入全球金融體系過程中常演不衰的一部「步步驚心」的連續劇。中國上市公司群體、投資者，甚至監管層都對此高度關注，並且對於這種投資行為背後的政治目的有所懷疑。由於外國機構散布不利於中國公司的消息並從中漁利，「陰謀」兩個字很快就又掛在了某些中國投資者的嘴邊。但是，這次稍有不同的是，受傷的雖有中國概念股公司，也不乏超級基金經理人約翰·保爾森（John Paulson）之流。保爾森這位在金融危機中毫髮無傷且富甲一方的大鱷，在嘉漢林業（Sino-Forest Corporation）這一檔股票上，就遭受了超過三億美元的浮虧。當然，在如此大規模的股票下跌之後，有些上市公司很可能不得不下市或接受被收購的命運。

做空中國概念股的火力之強大，令人不由得想起2008年秋席捲全球的股災。那場災難一定程度上就源於大肆做空者帶來的市場恐慌和瘋狂拋售，以至於美國證券交易委員會和紐約證券交易所最後不得不出手，喊停了許多股票的做空業務，才穩定了市場。

做空交易在很早以前，就和股市一起出現在荷蘭，但是做空者的形象在市場中，一向不為人所稱讚。西方資本市場對於是否應該允許做空交易一直存在分歧。一

方面，有人認為，有些投機者為肥一己之私，做空股票，造成股價下跌，市場波動，這簡直無異於犯罪。法國在拿破崙統治時期，就頒布過把做空者判刑入獄的極端法律。另一方面，對做空交易的支持者則認為，做空和買入，其實是證券交易中一對自然對立的統一體。看多投資者用買入表達正面的看法，買入交易同時推高股價；反之，看空的投資者用賣空表達自己負面的看法，賣空交易同時壓低股價。由於一般的賣出交易，必須以先前的買入為先決條件，因此並不允許所有的投資者表達負面看法。做空是買入交易的對立面，不應視為洪水猛獸。

由於各國市場發展水平不同，各國的監管層往往採取比較折中的做法。通常較為發達的市場大多允許做空，而相對年輕的市場一般都對做空機制有所保留，主要的原因在於大規模做空有可能導致市場突發性的大規模下跌，造成系統性的風險。1987年股災和2008年股災，都印證了這個觀點。

假如做空者只是針對某支股票或證券、而非整體市場，會對不同投資者造成什麼影響呢？請大家設想下列兩種情景：如果做空的股票，確實涉及過高的估值（如網際網路泡沫中的網路公司股票）和財務詐欺〔如安隆公司（Enron Corporation）〕，那麼投資者（除了那些在高價買入的投資者）應該感謝做空者發現了這些公司的問題，避免騙局和泡沫持續下去。如果公司體質不良，做空者的交易至少可以避免讓更多不明就裡的投資者遭

受損失。誠如有些做空中國概念股的投資者向投資圈宣告的：「我們確實先做空，再公布負面研究以影響股價，但這並非操縱股價，因為我們非常肯定這些公司有問題。」

假如像監管者和某些投資者擔憂的，做空者判斷失誤，誤傷了那些體質優良、估值合理的公司，問題就變得複雜了。對於那些已經持有該檔股票的長期投資者而言，這並不是一個問題，短期的波動率不會影響他們的投資決定，沒準兒還可以利用這些機會增加倉位。那些以一、兩美元買入搜狐（目前股價約15美元），三、五港幣買入騰訊（目前股價約380港幣）*的投資者，估計都會從心底感謝當年做空這些股票的「空軍」。西方投資界有句俗話：「大跌造就大富。」保爾森透過做空金融股在金融危機中成為最賺錢的明星，大衛‧泰珀（David Tepper）則在隨後一年中，因為增持同類股票而成為對沖基金的「新科狀元」。**畢竟，只有出現波動，才會給全體投資者帶來機會。**

那麼，那些不幸在高位買入、又不幸在低位擋不住恐懼而斬倉出場的短線投資者呢？這恐怕只有回到巴菲特的格言上來了：誰讓他們不瞭解自己買入的股票呢？當一個投資者被震倉出局的同時，正有另一位投資者欣然入場。

當然，做空仍是一種危險的交易。第一，像2008年

---

* 兩者的「目前」股價，皆取2024年9月中旬的股價。

全球金融危機中做空者大幅壓低金融股股票的舉動，確實可以造成全球信用市場凍結和投資者信心瓦解，致使全球市場系統性風險飆升。第二，由於做空方面臨理論上無窮大的潛在損失，所以更可能採取比較極端的交易策略。第三，股票價格的極端波動，有可能導致恐慌在全球蔓延開來。對於這些風險，市場監管者和交易所必須做足充分準備和正確的選擇。美國證券交易委員會在2008年中止做空交易的禁令，被很多專家認為對當年因做空而導致的股災負有直接責任。

美國的一些研究表明，那些高調反對做空其股票的公司，最終往往被證明確實存在財務問題。清者自清，如果沒有可隱瞞的，市場大多會在長期給出正確的判斷和公允的價格。譴責、羞辱，甚至威脅做空者，很可能反而向市場傳達一種缺乏信心的訊號。做空者在歷史上承擔了很多責任，雖然很多人都不瞭解「空軍」到底傷害了誰。人們都怕市場大跌，為什麼就不怕造成大跌的泡沫呢？

我們發現，在美國決定推出量化寬鬆政策（Quantitative Easing, QE）的時候，又一次人為地對全球經濟金融體系造成了大規模的影響。這種透過政府手段干預經濟運行規律和經濟運行趨勢的想法，在很大程度上源於政府的控制幻覺。政府往往認為可以改變經濟運作規律，但現實是，這一點非常難做到。各國政府都會不同程度地採取一些行動，來支持或者托起市場；在美國，為房屋抵押貸款提供二級市場融資的房利美

（Fannie Mae）和房地美（Freddie Mac），一定程度上就是為了能夠降低房地產貸款的融資成本，幫助美國居民圓「居者有其屋」的美國夢。

中國在房地產開發和銷售過程中，也有一些房地產政策來幫助投資者和居民更順利地購買房屋。為了鼓勵投資者買房，很多地方政府利用公開抑或含蓄的方式，保證房價上漲。在2011年房地產調控時，有一些早期購房的人對房價下跌表示了抗議。無論是開發商，還是政府，在這種壓力面前，往往採取的都是為前期投資者補差價，保證其不受損失。這其實就是給投資者提供了隱性的價格擔保：即便房價下跌，政府和開發商也會補上這部分的差價，保證投資者不受損失。這其實是在幫助投資者規避房地產投資中的風險，間接鼓勵投資者進一步在房地產上進行投資的熱情。

這種現象和17世紀荷蘭出現的鬱金香泡沫危機驚人地相似。在荷蘭鬱金香危機盛行的時候，荷蘭政府有這麼一則法令：如果某人和別人簽訂了鬱金香買賣合同，只要向政府支付3.5％的手續費，政府就可以幫助宣告合同無效——這其實是政府對投機鬱金香提供的一種隱性價格擔保。次貸危機中對全球金融體系造成毀滅性打擊的信用違約交換與荷蘭政府的這則法令有異曲同工之妙。正是出現了這種複雜的金融工具，才導致那麼多不明就裡的金融機構購買了那麼多的有毒資產，最終導致2008年全球金融危機的爆發。與之相似的是，無論是賣房的一方，還是買房的一方，一旦獲得政府提供的這種

保險，買賣雙方就會更願意進行投機性交易，因為交易的最大損失已由政府承擔。由此可見，政府在提供隱性擔保、推動市場上漲的同時，也會進一步增加市場中的投機氣氛，這會進一步增加產生泡沫的可能性和泡沫造成的危害。

筆者曾經做過一項針對全球四十多個國家融資融券交易和監管的研究。很多國家的監管層因為融券行為可能導致市場下跌，所以禁止融資融券業務。但是，這些監管層沒有考慮到的是，如果在一段很長的時間裡不允許市場做空，市場上的負面消息就不能及時反映到市場價格上。如果市場不允許負面消息得到反映，日積月累，一旦有一天爆發，就可能無法挽救。

從這個角度來講，**股價大規模快速上升，未必是一件好事。只有允許負面消息能夠及時、準確、公正地被市場反映，才能避免整個市場的大起大落**。投資平均收益固然重要，但是投資波動性也非常重要；波動性越小，投資者越有可能進行更有效的長期投資。在同樣的預期收益率下，波動性越小，投資者資產增長的速度就越快。從這個角度來講，**市場引入做空機制，政府不過分推動和保障市場上漲，其實很多時候未必是一件壞事。**做空者的存在，就好像高懸在上市公司高管、乃至大股東頭上的「達摩克利斯之劍」（The Sword of Damocles），總會讓公司高管抱持應有的敬畏和盡職之心。

09

投其所好的高管

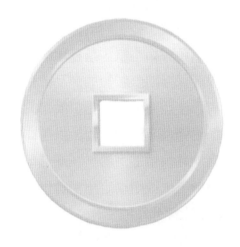

企業一旦決定上市，便可能透過盈餘管理等手段，
將業績包裝得光鮮亮麗，以提升公司股價。
公司股價虛高，投資者很可能會承擔過高的成本，
這會大大地影響投資者的收益。

融資決定：IPO

有一個一直受投資者和監管層廣泛關注的話題，即IPO（首次公開發行）。

在IPO的過程中，公司的管理層或創始人其實一直在和資本市場的廣大投資者、散戶進行動態博弈，其中最基本、也最核心的問題就是：公司選擇在什麼時候，向社會進行融資。正如我們去超市採購，若商品正在促銷，價格愈是便宜，我們便會多買一些；若商品價格上漲，我們可能就會少買一些。對於便於貯存、不易損壞的物品，比如洗潔精和衛生紙，這種現象會更加明顯；對於蔬菜、水果等保存期限較短的商品或生活必需品，這種現象便沒有那麼明顯。這就是很簡單的消費經濟學問題，也就是價格彈性。同樣，對於供應商來說，他們會在商品價格高的時候增加供給，在商品價格低的時候減少供給。供需雙方依據價格定出消費供給曲線，貫穿了人類市場生活的大部分領域。

IPO過程也不例外。公司高管在考慮上市時，會分析什麼是比較好的上市時機和狀況，以期將公司股票賣出比較好的價格。這很容易讓人想到，如果投資者多賺錢（買到了便宜的股票），上市公司就會少賺錢（低發行價格）；反之，如果公司多賺錢（高發行價格），投資者就會少賺錢（買到了估值過高的股票，今後升值空間不大，下跌空間大。）因此，我們必須意識到，散戶和公司高管在投資的時候，特別是在做融資決定或IPO定

價的時候，其實是站在天平的兩端。

很多散戶覺得，上市是一個簡單、機械的過程，尤其對於中國A股市場的投資者來說，存在「新股不敗」的心理預期，認為IPO就是一個創富過程，非但能為上市公司和公司創始人創富，也能為廣大的股東創富；其實不然。我們經常聽到某些上市公司由於市場環境不好，或者投資者沒有表示出對該公司的IPO有足夠興趣，或是進行路演的時候，公司沒有獲得足夠的資金支持而決定推遲或取消IPO的情況。舉例來說，由於市場環境不佳，一級方程式控股公司（Formula One Group）和奢侈品品牌普拉達（Prada）曾經推遲上市。再比如，內地有很多房地產開發企業在2008年金融危機期間，也不得不推遲在香港上市。

這裡面其實反映的就是公司高管在做公司的融資決定時，具有一項巨大的優勢：可以選擇進行融資，或者不進行融資。除非公司的資金鏈極其緊張，否則公司通常在融資方式和融資時間上，有比較大的選擇空間。公司可以採取股權融資的方式，也可以採取債權融資的方式；公司可以透過在非公開市場，向少數投資者進行非公開的定向募集，也可以採取面對公眾市場的IPO或SEO（增發配股）。

公司往往會在各種不同的融資方式之間進行一個平衡和選擇。例如，在成本和收益之間，在短期利益和長期利益之間，在財務效率和財務安全（防止資金鏈壓力太大，出現債券違約和公司破產的結果）之間取得最佳

平衡。

對於公司而言，這些選擇的決定性因素，就是融資成本和收益。中國很多未上市的公司都有IPO規劃，這類規劃往往要持續個三、五年，這一方面固然反映了國內以往IPO審批制度的嚴格，也反映了公司對上市過程有很高的期待。如果市場環境不夠好、發行價格不夠高，或者投資者認購的興趣不夠強，那麼公司很多時候寧可推遲或放棄IPO。

在IPO的過程中，投資者的收益就是上市公司的融資成本：投資者的投資收益越高，上市公司的融資成本就越高；投資者的投資收益越低，上市公司的融資成本就越低。從這個角度來說，公司在決定進行IPO的時候，肯定會挑選市場情緒比較火熱，投資者對股權融資和公司的業務模式與發展理念比較認可，以及對公司前景比較看好的時候。也就是說，公司在選擇上市的時候，會選擇在融資成本比較低的時候發行股票。這也是為什麼無論是在中國市場，還是在美國市場，都曾出現IPO扎堆的現象。有些年分的IPO項目特別多，而有些年分卻寥寥無幾。**如果把上市的熱情和資本市場當年及前一年的表現進行比較就不難發現，IPO往往集中在資本市場表現較好的年分。如果資本市場在之前一段時間表現不佳，那麼相比股票融資，公司會更多地選擇債券融資。**因為它們意識到，在股市表現不好的時候，想要吸引投資者的關注，就必須進行更多的宣傳和市場活動，或者把IPO上市的股價定得比較低。可見，公司在

進行融資決策的時候，其實是在各種不同的融資途徑中，不停地進行動態選擇。

企業的這種策略性選擇行為，會導致投資者進行逆向選擇。關於逆向選擇最簡單的例子就是保險市場：越是願意買大額保險的人，就越是對自己的健康和人身安全擔憂。類似的，企業越是想要進行IPO，就越是表明這時候它們覺得能以更好的價格賣出公司的股票。它們會選擇在投資者有巨大投資熱情的時候上市，這種比較正面或者熱情的市場環境，對於企業來說，是發行股票的絕佳時機。但是，**對於投資者來說，往往在購買新股的時候，付出了較高的成本，導致今後的長期投資收益率降低。**也就是說，公司的價值是固定的，如果投資者以較高的價格購入公司股票，那麼將來想要透過賣出股票獲取利益，就會比較困難。這是在IPO過程中，投資者必須關注的非常重要的問題。要明白投資者和上市公司之間算是「競爭關係」，企業只創造出固定的財富，那麼企業以越高的價格將股份賣給投資者，投資者其實就支付了越高的成本，在今後可能獲得的收益就越低。因此，這是一個相互博弈的過程。

然而，對投資者、尤其是對只在股票市場進行投資的投資者而言，就沒有像上市公司那麼大的選擇空間。散戶可以做的，只是相對被動地在投與不投新股之間進行選擇。

其實，投資IPO公司的股票，包括兩個緊密相關的過程：一是所謂的「打新股」的過程，二是股票上市發

171

09

投其所好的高管

行之後的投資價值。

「打新股」的過程，大體來說，是一個非常明智的投資策略，但並不是每個投資者都能幸運中籤打到新股。在上市過程中，透過抽籤來打新股，投資者如果能夠順利地在眾多申購者當中幸運獲得一些未上市公司的股份（假設公司股價會在上市後出現大幅上漲），那麼申購和認購新股的這個過程，對於投資者來說確實是有利可圖的。投資者在這個過程中獲得的，是公司從未上市到上市過程中的巨大溢價。可惜的是，IPO的申購和認購過程並無太多技術含量可言，主要依靠投資者的運氣和資金實力。

當然，申購新股也不是完全靠運氣，其實也有不少學問。試想一下，如果散戶和機構投資者同時競爭申購一支準備上市的搶手新股，什麼樣的優勢能夠保證散戶申購成功呢？發行制度、調研能力、渠道關係，還是資金實力？在這幾方面，機構投資者都擁有無與倫比的優勢。

不過，國內外的研究均表明，如果散戶真的能在IPO的過程中成功贏得大獎，獲得較多的即將上市公司的股票，也未必是什麼值得慶祝的消息。這是因為，**如果有較多的散戶在臨上市前，透過中籤的方式獲得了大量的股票，原因只可能有一個，那就是機構投資者不看好這家公司在上市後的表現，因而在上市過程中，把「燙手山芋」拱手讓給散戶去接。**所以，即使是在上市前的申購階段，散戶也不是簡單隨機參加抽籤的過程。散

戶能否中籤和中籤的可能性，其實已經反映市場的情緒和機構投資者對公司股票上市後做出的預判。因此，**即使看似公平的中籤過程，也反映了上市公司、機構投資者和散戶之間資訊不對稱和實力的巨大差異。**

等到公司順利完成IPO過程、公開上市交易之後，股票的表現就是另一番風景了。如果投資者在公司剛剛上市，比如上市一週左右，就進入市場投資這家公司的股票，那麼根據全球資本市場的研究，這些投資者的投資表現將會相對較差。新股的表現，往往比大盤的表現差，也比同類已經上市的次新股和成熟股（公司經營業務類似，但是已經上市一段時間而表現相對成熟的股票）的表現差。這也就是中國投資者有時說的「次新股表現更好」的概念。這項發現，和很多散戶一直抱持的「新股必漲」或「新股不敗」的觀念大相逕庭。

出現這種現象，一個很重要的原因就是，公司在上市的過程中，有一個選擇上市時間的過程。公司在選擇上市的時候，往往是當時的市場環境比較好，市場對公司的估值較高，市場情緒較為熱烈。但是，對公司股票的較高估值，會擠壓其今後的升值空間，也會影響投資者長期買入和持有這檔股票的獲利空間。

這也是為什麼很多投資者逐漸發現，雖然打新股有可能賺錢，但是等到新股上市之後再去買公司的股票，那時的表現還不如整個大盤的表現。這樣令人失望的投資表現，其實也從側面反映了公司高管在信息和選擇上的優勢。首先，公司高管知道投資者偏好購買新股。其

次，在公司決定上市發行的時候，高管對投資者購買公司股票的意願強弱已經進行了瞭解。因此，上市公司選擇發行的時候，恰恰是投資者對於上市公司估價比較高，認為上市公司比較具有吸引力的時候。公司在IPO的過程中，一定會有這樣的考慮：只有發行價格對公司是有利可圖的才可以發行，否則寧可選擇推遲或取消發行。反之，**投資者其實也有買或不買的權利，只不過散戶往往沒有上市公司精明，往往會在市場熱情高漲的時候，不知不覺買入估值過高的股票。**

股民在公司上市以後、選擇購買新股的時候，除了要考慮上市公司可能會有這種「投其所好」的傾向，還要考慮公司業務和財務兩個方面的風險。即使是在國外資本市場，IPO也是一個重要的創富過程。IPO將公司創始人、戰略投資者、私募股權基金和公司高管等所有重大利益相關方的利益都綁在一起，要把公司的股份以一個他們都認為合算的價格賣給公眾投資者。

恰恰由於有這麼多利益相關方綁在一起，公司便會透過盈餘管理對投資者過分樂觀地描繪公司未來的盈利水平，並透過對負面信息的壓制和收買保證促成上市。其中，投資者的過分樂觀，有時來自公司高管的過度自信，也有一些事後被證明完全是蓄意財務造假，例如：中國A股市場的「綠大地」事件。*

企業有可能為了上市，進行財務造假和盈利「包

---

* 造假上市，涉嫌「虛增資產、虛增收入、虛增利潤」等違法行為。

裝」，從而提供一些不完全準確的資訊，或者沒有完全披露某些負面訊息，只披露過分樂觀的預測和估計，這些都可能導致股價短期被人為推高。

　　由於上市公司、公司高管和私募股權基金對公司的內部情況比較瞭解，可能會對新股的發行價格有更清醒的認識。一旦這些IPO交易的直接受益人認為，公司的股價被操作得夠高了，就會在新股發行持股鎖定期到期後，透過大量拋售上市公司的股票來套現。在海外資本市場有大量的證據表明，在IPO完成後的內部人士鎖定期到期後，市場上往往會湧現大量的內部控制人拋盤事件。這些拋盤一方面透過賣出行為壓低了股價，另一方面也向市場傳遞了內部人士對公司前景的負面預判。這會對其他投資者的信心造成打擊，從而導致股價下跌。

　　由於中國目前的IPO制度仍然有待完善，上述情況在中國A股市場表現得尤其明顯。而恰恰是因為上市如此困難，上市之後可以從資本市場圈得的資源又如此豐富，IPO的創富效應如此明顯，以致上市公司本身、私募股權基金，有時甚至包括地方政府，都會參與IPO的準備工作。又恰恰是因為上市後的前景如此誘人，也由於中國資本市場對於證券欺詐和財務造假的懲罰如此輕微，才會導致無數內部人士完全不計後果地偽造財務數據、修改核心信息，以達到上市的目的。

　　投資者必須清醒地認識到，即使企業在上市過程中，沒有任何違規違法行為，但企業一旦決定上市，一定會透過盈餘管理等手段，把業績包裝得特別光鮮亮

麗，以期能夠將公司賣得一個好價錢。如果賣家覺得自己可以把東西賣出好價錢，那麼買家就很有可能為這項商品或公司支付過高的成本，這也會影響投資者後續的投資表現。

還有些時候，公司會利用市場對新股的熱情，故意人為地壓低IPO交易中的流通股股數，以達到減少供給、推高IPO定價的目的。根據相關國際研究，IPO流通股上市發行量與總流通股之間的比例，和IPO上市首日收益率之間存在一定的負相關關係。也就是說，上市流通股的比例越低，IPO首日表現越好。所以，有一些「不缺錢」的企業會故意壓低上市流通股的數量，以達到人為推高股價的目的。但是，這種趨勢往往不能持久；**統計研究表明，很多首日表現較好的IPO公司，中長期的表現往往令人失望。**

債權融資

關於企業在IPO過程中進行各種策略性操作的問題，並不僅局限於股權融資的範疇。有研究發現，在債權融資中，也出現了類似的公司「投其所好」的行為。什麼意思呢？就是說，公司在發行債券的時候，會選擇是發行短期債務、還是長期債務，至於公司究竟如何決定，很大程度上取決於投資者和市場對於長期債務和短期債務的態度。

當公司覺得發行短期債務的成本相對較高時（此時，投資者也更青睞長期債券，利率收益曲線相對比較

平緩），就會發行長期債務（和歷史水平相比，長期融資成本相對較低。）公司的理由是：長期來看，發行長期債券的成本會逐漸升高，現在發行長期債券可以鎖定目前相對低廉的長期融資成本。

當短期債務發行的融資成本相對較低時（此時，投資者更青睞短期債券，利率收益曲線相對比較陡峭），公司就會發行更多的短期債務（和歷史水平相比，長期融資成本相對較高。）公司的理由是：長期來看，發行長期債券的成本會逐漸降低，現在發行短期債券可以保留今後以更低廉的成本進行長期融資的可能性。

這也是為什麼上市公司發行短期和長期債務的意願，存在著明顯的週期性。這種週期性，恰恰反映了上市公司和高管對市場投資者情緒與偏好的把握，以及在這種把握之上對投資者態度的迎合。

總而言之，**對於公司融資方式的選擇，無論是股權和債權間的選擇，還是不同債權種類和不同債權期限間的選擇，都反映了企業高管在融資時所具有的機會主義傾向。**他們往往在瞭解到投資者和市場的偏好之後，就會更多地發行受到投資者追捧的資產，以此充分利用投資者高漲的熱情，以獲得相對低廉的融資成本。

與此相反，在投資過程中，投資者必須清醒地意識到，公司高管在密切關注著他們的想法。切勿「撿了芝麻，丟了西瓜」，還沾沾自喜地幻想不切實際的高收益。

中國IPO制度改革

　　由於中國的公司在IPO的過程中，人為推高了盈利水平，因此投資者對於公司的增長給予過分樂觀的估計。而在這些公司上市之後，股票則表現得很差。在創業板上，不少在上市之前三年業績連續增長100％的公司，在上市之後出現了盈利水平突然大幅度下跌，甚至立刻出現虧損的「變臉」情形。

　　公司的本質並沒有發生變化，公司還是這家公司，只是這些公司在上市前做了很多手腳，在業績虛高且包裝完美後隆重上市。公司上市之後，沒有激勵進一步推高股價，股價上漲就顯得格外乏力。此外，由於內部持有人在上市後透過各種方式進行套現，不再像以往一樣有管理盈利水平的動力，股價才會出現明顯下跌。

　　監管的漏洞，也是造成這種現象的重要原因。很多高管在公司上市之後，可以透過辭職離開公司，將手上持有的大量公司股票拋售進行套現。內部人士透過套現，將自己的利益鎖定，從而將所有包袱丟給散戶。此外，對於財務造假和其他資本市場的欺詐行為，中國監管機構對其查處以後的懲罰是非常輕的。一方面，因為司法層面的屬地審判規則，很多上市公司都是在當地政府的大力支持下成功上市的，如果公司出現違法行為，會把這些案件交回原地審判，難免受到當地政府的一些包庇和縱容。另一方面，中國以往的IPO過程，由於發審委*提高IPO上市要求並控制IPO上市數量，使得投資

者對於「新股不敗」的神話深信不疑，導致投資者對於新股趨之若鶩，以高價購入大量的IPO新股。

以往中國的IPO過程，一直廣受社會詬病。監管機構也長期關注此問題，並一直在思考改革方式。我們都知道，這裡面很大的一個原因是，中國有太多公司希望能夠成功上市，然而，國內資本市場發展到現在依舊不是十分成熟，以往公司上市實行的是審批制度，嚴格的監管手段使得最終能夠獲批上市的公司少之又少，就好似千軍萬馬過獨木橋一樣。監管機構人為地造成市場上供不應求的趨勢，結果只有一個，即價格上漲，這也是最基本的經濟學原理。對於IPO過程而言，IPO的價格就是IPO的發行本益比倍數。這種人為造成的供不應求的IPO市場，自然會生成虛高的IPO價格。

中國的股票估值水平，比發達國家整體而言要高很多，IPO過程中的估值矛盾更加凸顯。IPO發行本身具有很高的發行溢價，而在二級市場†高估值的基礎上制定的IPO發行價格也會隨之上漲，甚至比二級市場的估值還

＊ 1993年，在滬深交易所相繼成立之後三年，中國的證券市場終於建立了全國統一的證券發行審核制度（簡稱「發審制」），首屆發審委也隨之應運而生。證券市場的發行制度，與其所處的歷史背景密不可分。1993年，中國證券市場初仍處於計劃經濟向市場經濟過渡的特定歷史時期，發行人、中介機構和投資者均不成熟，市場功能無法有效發揮。中國發審制走過了七年帶有明顯計劃經濟特點、行政主導的審批制階段。但在發審委數十年的漫長歷史中，由於歷史局限性，其觸碰法律底線的案例屢見不鮮。2019年12月28日，《證券法》新修訂案獲十三屆全國人大常委會第十五次會議審議通過，修訂後的證券法自2020年3月1日施行。新修訂案規定，將分步實施註冊制下對發審制的取消，這也就意味著，自2020年3月1日，發審制完成資本市場賦予的歷史使命，中國的發行制度分步全面實行註冊制。

高。於是，就出現了一級市場、二級市場在估值上割裂化的反差。正是這種反差和隔斷，給了上市公司一種激勵，希望自家的股票在上市時，賣出比二級市場更高的價格。

這裡面涉及了一個主要問題，就是改革發行體制。在美國，為什麼很多公司可以上市，會選擇不上市（例如：前文提到的美國著名糖果生產商瑪氏），甚至有些已經上市的企業，會選擇下市呢？這是因為在美國上市價格很難虛高，上市也就變得沒那麼有吸引力了。包括美國在內的其他很多發達國家的資本市場，採取備案制的上市方式，無論公司財務數據好壞，只要符合證券交易委員會和證券交易所的標準與要求，就可以上市發行。上市能否發行成功，由市場投資者決定，監管層對此不負責任。

在中國，以往則是一種比較尷尬的情況，即散戶覺得證監會已經對預上市公司進行過調查，調查顯示這些公司不存在問題，就說明了監管層對於公司體質和估值水平已經認可，於是投資者就放心買入了那些事實上估值虛高的新股。但是這種責任，其實是監管層所不能擔當的。事實上，監管層既沒有責任、也沒有能力從實質上對公司的體質、贏利能力進行充分瞭解，對於公司的價值也難以準確估計。因此，很多中國公司以大幅虛高

---

† 一級市場（primary market）又稱發行市場，是處理、創建證券的市場，主要參與者包括公司、承銷商和投資者。二級市場（secondary market）又稱次級市場，是買賣已經上市公司股票和金融財貨的資本市場。

的估值透過證監會審批，從而發行上市，而散戶在此過程中購入大量的公司股票，並在公司業績「變臉」後承受巨大的損失。投資者因此歸咎於證監會，認為正是由於證監會進行了擔保，所以自己才會放心地買入這些股票。但其實證監會是不會負、也負不起這樣的責任的，這就是中國先前上市審批過程中嚴重的資訊不對稱和責任不對稱。

因此，中國以往的上市制度必須進行改革，必須從審批制度改為備案制度，要讓廣大的投資者知道，證監會只是對最基本的原則和過程進行調查，而對於公司的實質、財務的持續性和未來股價的走向，均不承擔任何責任。在這樣的預期下，散戶在進行新股申購的時候，才會比較謹慎，從根本上降低「打新股」的積極性。

必須改變投資者的預期，而發行制度改革的目的，便是對投資者預期有一個正確的指引。以往中國散戶對於「新股不敗」的神話已深信不疑，認為經過發行審批的上市新股，必然是好的投資標的。這種預期顯然是不正確的，而市場中又存在賺錢效應的傳播：投資者賺了錢，便大肆宣傳；投資者賠了錢，卻默不作聲。結果，只有「新股不敗」的消息一傳十、十傳百，社會大眾自然覺得新股賺錢，從而形成這種羊群效應。

可以預見，在這種羊群效應的影響下，投資結果不會很好。很多散戶以高價買入IPO的股票，最終卻飽嚐虧損之痛。和購買其他股票一樣，散戶其實必須對自己的投資和財務負責，不該隨便買入自己不瞭解的股票。

無論是已經上市、還是即將上市的企業，只要投資者對這家公司不夠瞭解，就必須非常審慎，不要想當然地積極買入。因為不管是誰來賣這家公司的股票，投資者的資金就是自己的財富，若是不希望由於買入不瞭解的股票而使自己的財富遭受損失，最好的決定就是不要介入這檔股票，這也是財富保值增值的一個前提條件。**無論是誰，哪怕是證監會或證券交易所提供了不明確或隱性的擔保，投資者都要非常清醒，在自己不瞭解公司情況的前提下，不要輕易購買這家公司的股票。**

從投資的角度來講，買入IPO新股不是一個非常明智的投資選擇，它使得很多投資者遭受了重大損失。早前幾年，在中國新股發行之後，就有很多在高位買入大量IPO股票的投資者，最後不得不吞下巨額虧損的苦果。2011年，華銳風電曾以每股90人民幣的高股價上市發行，2020年股價跌至不足每股1人民幣，*像這樣的例子在中國創業板裡不勝枚舉。從這個角度來看，我們有必要提醒散戶：即使你對這家公司沒有充分瞭解，也希望你能對整個上市過程有所瞭解。**上市，並不是讓所有人都能一夜暴富的過程。**

總結一下，公司高管可以利用他們對投資者情緒的瞭解，選擇合適的上市時機。但是，從投資者的角度來看，這卻是非常差的購買時機。因此，投資者在購買IPO新股時，面臨了一個不大公平的選擇過程。此外，

---

* 2020年7月已摘牌下市。

由於IPO整個過程涉及大量利益主體，很多企業在上市過程中，會將業績粉飾得虛高。對此，散戶在申購過程中，要有清醒的認識。**雖然對於每家上市公司，散戶不一定都能夠有比較深入的瞭解，對於IPO新股的定價是否合理、未來能否賺錢，也不一定能有準確的判斷，但是每個散戶都有一項最基本的權利，即不參與申購和不參與投資**。雖然有些股票看似誘人，也讓投資者產生諸多遐想，但是投資者要記住股神巴菲特曾經說過的金玉良言：「不要買自己不瞭解的東西。」沒有人能夠保證，參與資本市場一定會賺錢；相反地，大部分的散戶在此過程中充當了慈善家的角色，把自己辛苦掙的錢奉送給機構投資者和上市公司。筆者希望，在投資者對於IPO過程有了更清楚的認識之後，能夠避免這類失誤和損失。

企業融資行為包含的訊息

在投資者意識到股權融資和債權融資都不是企業隨機的行為後，投資者也會獲得更多關於理解和判斷企業決策、看待資本市場的重要訊息，其中很重要的部分，就是當企業選擇集中IPO發新股或股權再融資時，也就是股權融資在資本市場總融資占比較高的時候，往往反映了當時的股票價格比較高，這其實是投資者應該退出市場或減少持倉的時機。反之，如果上市公司較少利用股權融資進行融資，也就是股權融資在資本市場總融資占比較低的時候，其實往往反映出當時的股價已經比較

低迷，上市公司認為股權融資定價過低、不夠有吸引力，這往往恰好是二級市場投資者應該進入股市投資的一個很好的機會。

有學術研究表明，如果把美國過去八十年的歷史分成四段，那麼股權融資在資本市場融資總額所占比例最低的二十年裡，之後一年美國股市的表現是遠遠高於歷史平均水平的；反之，在股權融資占資本市場融資總額比例最高的二十年裡，之後一年美國股市的表現是明顯低於歷史平均水平的。這就說明了，其實股權融資的比例或股權融資的活躍程度，可以當作一個比較有效的反向指標，來預測今後美國股市的表現。

類似的情況，其實並不僅局限於美國的股票市場，在美國的債券市場也有類似發現。研究表明，如果上市公司發行長期債務的比例，也就是長期債務在所有債權融資所占的比例明顯增加，那就說明了上市公司預測利率即將上升。為了能夠鎖定現在相對較低廉的利率，公司選擇發行長期債務、減少短期債務；反之，如果在一段時期企業發行短期債務的比例明顯上升，就反映了企業對於利率下降的預期。企業希望透過利用短期利率，在債務到期之後，再以更低的利率進行融資，以此降低債券融資成本。

由此可見，**投資者可以透過股票市場和上市公司新股發行或增發的決定，判斷目前股票市場的估值水平的高低，也可以透過上市公司發放債券期限長短的訊息，預測利率今後的走勢。**總之，在上市公司選擇「投其所

好」的融資策略時，一方面可能利用了投資者行為上的偏誤和弱點，另一方面也給投資者提供了重要的判斷於解讀市場訊息。

09
投其所好的高管

10

投其所好：
其他公司決策

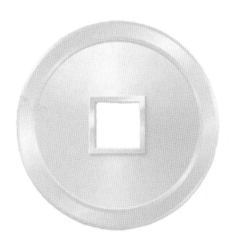

分紅或回購，是公司在充分考慮投資者的心態和市場反應
之後做出的決定，以吸引投資者。公司意識到
拆股政策會激發散戶的購買欲。此外，
投資者往往對那些更改名稱的公司，產生濃厚的興趣。

分紅政策的調整

上一章討論的是在公司的融資決定中，公司高管所進行的「投其所好」的機會主義行為。在本章，我們將討論公司對股東回報方面的一些選擇。

上市公司賺錢之後，一項重要的工作就是把盈利返給股東，但並非所有公司在賺錢之後，都會選擇分紅的方式。根據金融理論，在沒有交易成本和稅收、公司治理比較健全的前提下，公司是否分紅並不能直接影響公司的價值（這是獲得諾貝爾經濟學獎的金融經濟學家的一個主要學術貢獻。）無論盈利是以現金、資本增值，還是以股票的形式回饋給股東，似乎並沒有太大的差異，所有的盈利都歸股東所有。但是，在實際投資的過程中，企業處理盈餘的方式，對企業今後的業績和今後股票的表現存在重要的影響。

從公司財務的角度來看，公司創造出來的盈利是歸屬股東的。無論公司採取什麼形式，如果能把盈利還給股東，不但可以給股東提供穩定的投資收益和現金流，還可以幫助股東利用投資收益進行進一步的多元化投資。

當然，也有很多上市公司選擇不把盈利返給投資者。許多高科技企業，例如：鼎鼎大名的微軟公司和蘋果公司，都在很長一段時間裡不進行分紅而積聚盈利，這樣就逐步推高了股價。這種做法一方面可以強制投資者在持有和賣出公司股票之間進行選擇，進而增加投資者的交易成本；另一方面，因為不同市場對資本利得

（出售股票、債券、不動產等資本性項目取得的收入，扣除帳面價值後的餘額）和分紅的稅率不同，也有可能給投資者帶來不必要的稅收上的損失。

更重要的還是本書之前提到的公司治理的問題。如果一家上市公司獲得大量的盈利，公司高管又選擇不把盈利馬上返給股東，那麼公司就會產生大量由公司管理層掌控的自由現金流。正如我們在前文討論過的一樣，公司高管在面對如此巨額的現金流時，首先考慮的往往不是股東的利益，而是自身的在職消費和滿足感。因此，他們可能會做出一些不利於股東、也不利於股價的行為。

正如債券付息一樣，股票分紅也是一種監督和約束企業的方式。如果一家企業可以穩定地支付股息或定期回購自家的股票，就反映出這家公司有穩定的業務和穩定的現金流，也反映出高管對於投資者給予充分的關注。所以，**資本市場往往更喜歡那些有規律地將盈利返給股東的上市公司。**

可以說，上市公司和公司高管在是否分紅、分紅的不同手段，以及分紅和回購之間，也在進行積極的策略性選擇。公司的分紅或回購，不是一個簡單的被動選擇，而是充分考慮到股東的心態和市場的反應之後，所做出的「投其所好」的決定。

當一家公司決定把部分收益返給股東的時候，往往可以採取兩種不同的方式：一是給股東派發現金紅利或股票紅利，二是公司利用自己的資金對公司股票進行回

購。透過回購，上市公司在一定程度上，可以機械性地提升自家股票的價格，也可以削減公司股票的數量，提高每股盈利水平。

公司關於是否進行回購，也會進行謹慎、睿智的思考：第一，公司會考慮投資者對於分紅是否有比較強烈的偏好；第二，上市公司和公司高管，也會利用投資者對於分紅態度的轉變，選擇不同的回饋投資者的方式。

相關學術研究表明，投資者對於分紅的股票和不分紅的股票，態度會有很大的不同。如果把市場上所有的股票分成兩類，一類股票是透過分紅的方式給投資者回報，另一類採取不分紅的方式，就會發現，在美國和其他國際股市裡，過去三十多年裡分紅的股票平均而言，比不分紅的股票表現明顯要好一些。

當然，市場上的投資者並不總是喜歡分紅的股票。某些年分分紅類的股票表現得相對較好，但在其他年分不分紅的股票表現反而更好。為什麼投資者有時會喜歡不分紅的股票呢？這些投資者往往看中了股票的長期成長性。比如，在1996－2000年網際網路泡沫期間，投資者就都追捧那些不分紅、甚至尚未贏利的網路科技股。可以想像，在網際網路泡沫的時候，那些年輕的高成長科技股都是不分紅的，而這種不分紅的股票表現確實非常好。而另外一些時候，比如1990年代初期，以及網際網路泡沫之後21世紀的最初幾年，市場回歸平穩，投資者又重新看好那些傳統、成熟、向投資者提供分紅的企業。在這些時期裡，分紅股票的表現就會比較好。

由此，上市公司面臨了一個很明顯的決策過程。它們發現，有一些年分，派發紅利的上市公司的表現非常好；有一些年分，不派發紅利的上市公司的表現非常好。

　　作為對投資者這類偏好的回應，在不分紅的企業表現相對較好的時期，有越來越多傳統意義上進行穩定分紅的公司，會選擇不再進行分紅，或者明顯降低分紅比例和分紅金額。而在那些分紅公司股票表現相對較好的年分裡，我們可以發現相反的趨勢：由於這段時間分紅股票的表現較好，傳統上不進行分紅的公司，例如：規模相對較小的科技型、成長型公司，也開始進行分紅。此外，一些原來分紅比較少的公司，在市場認可和追捧分紅股票的時期，也會提高公司分紅的金額數量。

　　簡單來說，**上市公司透過對資本市場的瞭解，根據投資者對於分紅型與不分紅型公司股票偏好的不斷改變，也隨之調整分紅策略，以順應投資者和市場的興趣。**既然投資者對於分紅存在不同的偏好，上市公司也就會有這種「投其所好」的舉動。對企業而言，將盈利保留在公司內部和進行分紅並沒有直接影響，因此上市公司也有更大的空間對投資者「投其所好」。

股價的調整

　　上市公司「投其所好」的趨勢，不僅局限在公司的分紅和回報股東的政策上，公司對於股價的調整，也是上市公司對投資者偏好做出反應的典型例子。

　　眾所周知，上市公司的股價從理論上來說，只是公

司價值和投資價值的反映。在公司的總股數保持不變的前提下，股價波動可以反映公司價值的變化。

與此同時，公司股價也受到上市公司總股本和上市流通股本數量的影響。只要上市公司增加公司股份數量，那麼同樣價值的公司資產，就會攤薄到更多的股份上，自然就會降低了每股股價。與此相反，只要減少公司的股份數量，就可以人為地推高股價。

這說起來其實是一道非常簡單的算術題，連會做簡單加減法的小學生，都能想出這不過是個「朝三暮四」的遊戲。蛋糕還是那麼一塊蛋糕，投資者所要進行的選擇，不過是決定到底是把蛋糕切成四塊、自己吃一塊，還是把蛋糕切成八塊、自己吃兩塊。對於那些進行拆股的公司（在中國就是高股票紅利和高配股），在拆股前和拆股後的態度，投資者也該如同對待切成不同塊數的蛋糕一樣，清楚兩者其實並無實質性的區別。

實際上，散戶對於公司拆股而引發的股價下跌，會做出異常強烈的反應。美國學界對此進行了大量研究，包括筆者在內的一些相關研究均表明，散戶對於進行拆股的公司有非常強烈的興趣。公司宣布拆股之後，尤其是公司股價因為拆股而出現大規模的機械性下調之後（例如：公司執行買一股送一股的股票紅利或拆股後，公司的除權股價自然會「下跌」50％，當然投資者在拆股後也同時持有兩倍原來的股數，所以投資價值不變），公司的股價會有一個顯著的短期上升。

公司宣布拆股之後，投資者、尤其是散戶，購買這

些股票的傾向比原來更加強烈。也許正是因為公司意識到，散戶有購買拆股公司股票的傾向，所以有些公司會有意識地透過調整自家公司的股價，達到吸引投資者或擴大投資人群的目的。

那麼，投資者為什麼會這麼關注公司股票的拆分？**拆股這種看似膚淺的行為，為什麼會吸引如此多投資者的關注？**下列是兩種不同的解釋。

第一，公司在業績比較好的時候更願意拆股。因為透過拆股，使得公司股價下跌以後，良好的業績又會帶動股價很快回到原來拆股前的水平。這種解釋建立在投資者對於公司的基本面具有準確瞭解的基礎上，然而根據本書之前的相關討論，投資者並不一定具有這種能力。

第二，公司希望透過拆股，獲得投資者的關注。散戶對於近期股價創出新高或新低的公司會給予特別關注，也會集中購買這些公司的股票。可能正是出於這個原因，公司透過拆股人為地讓股票「創出新低」，不失為一種吸引投資者目光的簡易手段。至於投資者是否有能力區分高質量公司和低質量公司，就不是公司關心的事了。

透過對美國散戶和機構投資者投資行為的分析，研究者發現，散戶在拆股後購買拆股股票的意願，比拆股前提升了200％。而在同期，機構投資者購買拆股股票的意願只有小幅上漲。散戶對拆股股票的追捧，直接反映出他們對於股價變化，有一種近乎宗教般的狂熱，卻沒能透過股價看到公司價值的真正變化。

筆者做過一項問卷調查，其中一道問題是：「投資者為什麼會對拆股的股票產生強烈的興趣？」散戶的回答多是：「因為股票變得便宜了，所以之後肯定還會上漲。」當被問到：「知不知道股票變得便宜，是因為股數變得更多了？其實，公司的價值並沒有改變」，有超過一半的散戶回答：「不知道」或「不清楚」。

投資者的這種「不知道」或「不清楚」，恰好給公司高管提供了一個利用投資者心理的好機會。美國資本市場的研究表明，公司是否決定拆股，在很大程度上取決於市場上對於高價股和低價股的態度的轉變。研究者把過去二、三十年劃分成為兩類年分：一類是高價股表現較好的年分；另一類則是低價股表現較好的年分。研究發現，在高價股表現較好的年分，上市公司進行拆股的可能性較小，而進行反向拆股（合併把公司股數降低，人為推高股價）的可能性較大。相反地，在低價股表現較好的年分，上市公司進行反向拆股的可能性較小，而拆股的可能性較大。由此可見，上市公司的高管確確實實是在利用市場對於高價股和低價股的不同態度，以達到迎合投資者、提升公司股價和知名度的目的。

在中國A股市場，上市公司假拆股、真套現的現象屢屢發生。有不少企業利用拆股和高配送，來吸引散戶購買公司股票。當散戶買入拆股股票、從而推高股價的時候，一些內部持股人或機構投資者就會利用機會，掩護減持自己手中股票的行為。和國外的散戶類似，中國的散戶顯然也沒有足夠的投資能力，區分因為業績好而

進行的高配送和管理層為了套現而進行的高配送之間的差別。

究其原因，投資者確實喜歡購買「便宜」的股票，那麼什麼算是「便宜」的呢？投資者一般會用公司的股價，作為公司內在價值或營運能力、贏利能力的預測標準。但很多投資者在利用股價預測公司價值的過程中存在認知誤區：他們認為，低價股就是便宜股票。因此，很多投資者的投資行為，就跟去菜市場買菜時頗為類似：看見標價低的，就會覺得買到便宜貨了，因此沾沾自喜，覺得物超所值。但是，當投資者購買低價股的時候，並沒有考慮為什麼這些公司的股價如此之低。

無論出於什麼原因，上市公司總可以聰明地利用投資者這種貪便宜的心理。在上市公司認為有利可圖的時候，就會把自家公司的股價人為地壓低，透過拆股來吸引更多投資者購買，從而推高公司的股價。這一點，不僅表現在公司對於是否拆股的決定上，在公司的IPO定價方面，也有類似的行為。

透過對歷史股價變化的研究，研究者發現，低價股表現較好的年分，公司上市後的發行價格（這裡指絕對上市價格，不是上市估值的本益比價格）通常也比較低。根據美國的歷史數據，在1980年代初低價股比較流行的時候，美國上市公司的平均發行價格大概為每股10美元。但是，在網際網路泡沫時期，大家都喜歡追捧高價股，因此在1999－2000年網際網路泡沫期間，上市公司平均的發行價為每股25美元，大大地超越了歷史平均

水平。

　　首先，這反映了部分上市公司希望用股價顯示自身實力；其次，在網際網路泡沫時期，只有高股價和高發行價，才能達到吸引投資者目光的目的。當然，上市時的高股價，並不能保證上市後的優良業績。在網際網路泡沫期間，眾多網路公司曾以高股價上市，並在上市後繼續保持比發行價更高的價格，但是這些公司在網際網路泡沫破裂後，大多不復存在。對於其中碩果僅存的公司，在進行復權調整之後，現在的股價還不如在泡沫鼎盛時期上市時的發行價。由此可見，公司股價對今後股票走勢的影響是高度不確定的，這實在值得投資者深思。

　　我們也觀察到，在網際網路泡沫期間，公司除了調整自己的發行定價外，還會利用流通股的規模來調整公司的上市價格。由於投資者在網際網路泡沫期間對高科技股趨之若鶩，很多公司在上市時，特意壓低公司上市發行的流通股股數，利用投資者高漲的熱情，人為地推高公司上市時的價格，這就是經濟學裡所講的給定需求（股票）不變，供給越少，價格越高的道理。

　　當然，可能也有一些讀者會問：為什麼像巴菲特的波克夏·海瑟威（Berkshire Hathaway）這樣優秀的公司，這麼多年過去了，非但不拆股，甚至不分紅，但波克夏A股的股價，甚至已經高達每股超過68.5萬美元了？*為什麼在有些上市公司壓低自家股價的同時，另外

---

* 取2024年9月中旬的股價。

一些公司卻人為地提升自家公司的股價？

其實，對此也可以用之前提到的「投其所好」來解釋。巴菲特就曾在接受媒體採訪時表達得非常明確，他說：「我不希望那些對於短期投資收益過度關注的投資者進入我的股東群，影響我的投資決策。」這裡面說的「短期投資者」，應當就是一般散戶。巴菲特希望利用較高的股價來阻止一般散戶成為自己的股東，藉此保證自己的股東和董事會都支持自己長期投資與價值投資的理念。由此可以看出，**無論最終目的是什麼，上市公司和公司高管都是在有意識地利用自己的分紅政策、拆股政策（正向或反向）或上市定價策略，積極地選擇自己的潛在投資者。同時，公司也透過對潛在投資人群訴求的回應，達到吸引投資者關注、提升投資者好感、貫徹自己的經營思路，並最終推升公司股價的目的。**

企業名稱的更改

除了在企業融資和上市的過程中，公司高管會考慮投資者的偏好，很多其他的企業活動也反映了公司高管極其精明地利用投資者的偏好為自己謀利。

其中一個例子就是公司名稱的改變。在中國，如果公司出現了重大的業務板塊調整或重大的股權變更，那麼公司就會進行名稱調整。但是在美國，對上市公司的名稱更改沒有這麼高的要求。美國的上市公司更名其實非常普遍，只要經過董事會和股東大會同意，公司就可以更改名稱。

在一些特殊的歷史時期裡，公司的名稱是非常重要的。雖然從投資原理來說，一家公司的名稱對投資者並沒有那麼大的影響，但是從認知的角度來看，很多投資者對於公司名稱卻給予高度關注。有很多大型的上市公司，會挑選或利用公關獲得比較好的股票代碼，藉此吸引投資者的關注和好感。

美國在網際網路泡沫時期，有很多企業把自己的名稱，從原來的業務主線名稱，改名為「.com」公司。理論上，公司名稱的改變，對於公司的業務、贏利能力和分紅，都不應該產生任何實質影響，但投資者偏偏會對這些更名的公司產生非常濃厚的興趣──這也反映出公司高管操縱投資者心理的水平之高。

很多投資者在公司改名為「.com」之後，對公司產生了濃厚的興趣，這本身就反映出很多投資者的投資決定十分輕率。同樣一家公司，名稱叫得性感一點兒就能夠吸引投資者這麼多的關注，確實匪夷所思。對於這些在泡沫頂端追趕潮流，追趕概念、大膽推高股價的投資者，買入的往往是那些最善於利用投資者心理、但業績一般的公司的股票。這些公司高管正是因為難以提升公司的真實實力和盈利水平，黔驢技窮，才想出了這種為了討好投資者而更改公司名稱的舉措。結果，往往是那些「入市不深」的散戶，最容易受到這種伎倆影響。隨著2001年網際網路泡沫破裂，許多「.com」公司的股票跌到峰值時期的5％、甚至1％，還有直接破產倒閉的。那些在高價買入名不副實的「.com」公司股票的散戶，

收獲的只有數不盡的悔恨。

其中一個著名的案例，就是美國一家叫作「rose.com」的公司。這家公司原來是一家透過電話為特定對象提供鮮花銷售的企業，但在它把自己的名稱改為「rose.com」之後，短短一週之內，公司的股價就上漲了70～80％。

可是公司的基本面一點兒也沒變，本來就是在進行鮮花的網上銷售，更名對於整間公司的業務沒有任何實際影響。但是，隨著名稱的更改，公司股價卻出現了大幅上漲。因此，之前買入該公司股票的股東得到了好處，但是新進投資者卻為這家公司的更名付出了高昂的代價。隨著2001年美國網際網路泡沫的破裂，這家公司的股價跌到其峰值的10％以下。很多在該公司更名後衝入當公司股東的投資者，都在過程中輸得丟盔棄甲。

當年網際網路泡沫中的這些現象，看似有其特殊性，但在歷史上卻並不乏類似的事件。遠的不說，在1950年代美國電子化泡沫中，也出現過類似的更名情況。當時，很多公司為了吸引投資者的關注，紛紛將自己的名稱改為帶「電子」（-tronics）的詞語或後綴頗似科技公司的名稱。和後來網際網路泡沫中的現象頗為類似，投資者對於這些更名的公司，也表現出強烈的興趣。

在中國，筆者的學生曾經做過相關的研究；研究表明，投資者不只是對名稱本身頗為關注，對名稱是不是容易識別和記憶也非常關注。在中國A股市場裡，如果一家公司的名稱很複雜，那麼它的股票表現也相對會差

一些；如果一家公司的名稱很簡單、很好記，那麼它的股票表現也相對會好一些。如果一家公司更改名稱，從比較複雜的名稱改到比較簡單的名稱，那麼這家公司的股票表現會相對好一些；但如果是從簡單的名稱改到複雜的名稱，那麼這家公司的股票表現則會相對差一些。由此我們發現，投資者不僅對公司的基本面非常關注，對公司的一些非常表面的訊息，比如：公司的名稱、公司高管是誰、有沒有明星股東等，也非常關心。**投資者對於這些訊息的關注，其實既證明了做好投資者關係的維護和投資者關係公關對於企業的重要性，也反映出投資者容易受到表面資訊影響的傾向。**

基金名稱的更改

事實上，不只上市公司名稱容易改動，基金公司及其所管理的基金的名稱，也可能出現較大的調整。

在美國，即使基金公司被稱為成長型、價值型或國際型，監管機構對於公司的資產投資類別，也並不存在強制性要求，不像中國的基金如果被稱為股票型，則必須有80％投資股票市場。美國基金的名稱不受監管，基金是由專門機構進行分類的，比如晨星（Morningstar, Inc.）、理柏（Lipper）等專業的基金評級機構。因此，在美國，對基金名稱進行更改相對容易。美國學界的研究發現，在過去二、三十年間，美國有很多基金曾經進行更名。它們更改名稱的原因，並非股東結構變動這樣的實質性原因；相反地，往往是把自己的基金名稱，從

一種風格改成另一種風格。

其中，最頻繁的變動就是某些基金從原來小型股基金改名為大型股基金，同時也有些基金從大型股基金改名為小型股基金。從風格上來講，很多基金由原先的價值型改名為成長型，也有基金從成長型改名為價值型。基金名稱的更改在美國相對容易，所以這種現象也相對普遍。

那麼，基金管理公司為什麼要更改旗下基金的名稱呢？**研究表明，往往是在某種風格的基金表現較好的時候，基金會把自己的名稱從原有風格改為這種表現較好、較受市場認可的風格。**舉例來說，在1997－2000年網際網路泡沫時期，投資者對於成長型的企業都非常關注，因此有很多原先叫價值型的基金改名為成長型基金。與此同時，在網際網路泡沫期間，小型股增長更快，也更具有吸引力，因此有很多基金把自己的名稱從大型股基金改名為小型股基金。由此可知，基金能夠透過更改基金名稱的方式，吸引投資者的目光。

類似的，在經濟運行不佳的時期，投資者可能會更認同大型股和價值型的股票。因此，相關研究發現，有不少基金把自己的名稱，從原來的小型股更名為大型股，或者從原來的成長股更名為價值股。

基金在改名過程中，也有許多行銷策略上的操作，使得改名對公司本身的業績產生直接影響。因此，從提高投資者關注度和認可度的角度來看，基金名稱的更改是十分有效的。可以發現，投資者更願意將資金交給屬

於他們認可的風格的基金來管理，因而基金公司透過更名來迎合投資者的策略，可以明顯地吸引資金流入。一些基金在更名後的半年內，管理規模甚至擴大了50％。

與此同時，對於這些更名的基金而言，它們的投資風格並沒有明顯改變：原先叫價值型的基金改名為成長型後，投資組合裡仍持有大量價值型股票；原先叫大型股的基金改名為小型股後，投資組合裡也仍然持有大量的大型股股票。這種現象其實也可以理解，如果一支基金的基金經理人與該基金經理人的投資風格沒有改變，那麼無論基金名稱如何改動，基金本身體現的，還是該基金經理人一貫的投資風格。

從這個角度來看，由於基金的整體投資風格、投資理念與收益，都沒有發生明顯的改變，所以名稱的更改，並未真正改變基金的策略和實質。但是，從另一個角度來看，這種做法顯然深深打動了投資者的心，可以幫助基金吸引更多的資金，所以是一種市場宣傳的有效方式。可惜的是，**投資者本身並不能只是透過基金更名而獲利。有些投資者並不知道，即使基金的名稱發生改動，也可能仍然停留在原有的投資風格上。**

基金的開放與封閉

除了名稱的改變之外，基金有時還會利用基金的開放和封閉，來迎合投資者的需求。有很多績效表現不錯的基金，在淨值大規模增長之後，會選擇封閉基金。究其原因，是由於基金在規模擴大之後，管理難度增加，

基金績效也會相對下滑。因此，有很多基金公司會選擇封閉少數的幾檔基金，不再對散戶開放，新來的散戶只能仰慕這幾檔基金的大名，不能投資這些已經封閉的基金。

基金管理公司選擇封閉基金，存在了幾重不同的考慮。其一，封閉之後，基金規模不會變大，因此更容易管理，基金經理人能夠將這些基金做出較好的業績。其二，在取得較好的業績之後，基金管理公司往往會利用這些基金進行一些宣傳活動。其三，如果這家基金管理公司的品牌，能在投資者心目中確立較高的地位，今後公司旗下的其他基金，就會變得比較容易銷售了。

在中國基金行業比較典型的案例，就是華夏大盤精選。眾所周知，王亞偉曾管理的華夏大盤精選是一支表現非常好的基金，但是早前曾經長期對投資者封閉。投資者，尤其是廣大散戶，當時是無法購買華夏大盤精選的。

然而，透過華夏大盤精選出色的業績，華夏基金管理公司可以有效地宣傳自己的品牌形象和投資能力，投資者日後在做基金購買選擇時，可能會更多地考慮華夏基金管理公司的商品。**有很多基金管理公司，包括海外的基金管理公司，都會利用封閉某些基金的方式，來達到宣傳的目的。**

優異的投資績效，對於宣傳有很大的推動作用，但是由於這些基金被封閉了，基金管理公司不得不放棄可觀的管理費用。因此，基金管理公司在考慮將基金封閉的同時，往往也會考慮在合適的時機，將這些封閉的基

金重新打開，以吸引投資者更多的資金，從而擴大基金管理公司的管理規模。

基金公司非常聰明，只有在封閉的基金持續保持一段出色的業績後，才會打開這支基金，這其實與蘋果公司的飢餓行銷頗為相似。由於此時投資者對於該基金的投資意願已經非常強烈，一旦基金開放了，往往能夠吸引大量資金湧入。隨著基金開放，基金的管理規模會大幅上漲，有些基金甚至在重新開放後的一個月內，規模的擴張便超過100％。

同時，正是因為這些基金過去擁有出色的表現，在投資人群均有極高的人氣，又經歷了這麼長時間的飢餓行銷，投資者往往在基金重新開放時，對基金的管理費用就不那麼敏感了。因此，這些封閉了很長時間的基金，在開放之後往往會向投資者徵收更多的費用，一般會高出市場平均水平30％～40％，以補償過去一段時間由於基金封閉損失的一些管理費用。從這個角度來講，基金管理公司在管理費用方面，並沒有遭受很直接的損失。雖然一段時間因為規模沒有擴大，沒有獲得更多的管理費用，但是之後透過更大的規模和更高的費用，將先前的損失彌補上了。

還有研究表明，隨著管理規模的擴大和管理思路的調整，許多原先業績出色的封閉基金，在重新開放之後不再能夠保持優異的表現。**這再次反映了基金公司聰明地利用了投資者的熱情和渴望，吸引投資者踴躍申購，但是並不能給投資者帶來先前基金封閉時的優異投資績效。**

11
政府與監管者
的行為偏差

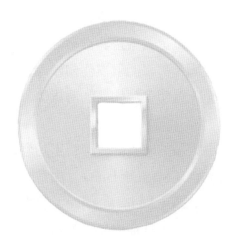

監管層和政策制定者，也都有一定的行為偏誤和局限性，同時很多
政策也有局限性。因此，政策制定者在醞釀相關政策的過程中，
必須認清自己的行為偏誤，以便制定更為科學的監管政策。

政府的過度自信

投資者、金融機構及企業高管對自身能力、資訊的準確性，以及所處情況的判斷，經常有過度自信的傾向。政府機關不是空洞的組織架構，而是由很多個人和黨派組成。**由於個人本身的行為偏誤和社會組織結構對個人行為的影響，人們通常發現，在個體身上能夠發現的非理性行為，政府也不可避免。**

有一類典型的案例，可以反映政府及領導人表現出過度自信的趨勢，那便是在軍事領域裡著名的防線和工事的建設。中國的萬里長城是非常著名的防線，可是無論秦長城多麼堅固，都沒能阻擋住匈奴人對中國北方連年不斷的侵擾；無論明長城如何壯觀雄偉，也抵擋不住清軍入關。

第二次世界大戰的時候，法國為了防禦德國入侵，修建了馬其諾防線（Maginot Line）。由當時法國的陸軍部長安德烈·馬其諾（André Maginot）規劃，從1928年起建造的馬其諾防線，歷經十多年，到1940年才基本建成，耗資50億法郎（1930～1940年代的貨幣）。防線主體有數百公里，主要部分在法國東部的蒂永維爾。馬其諾防線整體由鋼筋混凝土建造而成，十分堅固。防線內部擁有各式大炮、壕溝、堡壘、廚房、發電站、醫院、工廠等，通道四通八達。在較大的防禦工事中，甚至配有有軌電車通道，以便部隊和物資調動。防線以德國為假想敵，所以僅防禦法德邊境的「關鍵地帶」，沒有考

慮敵人從與英法兩國關係緊密的荷蘭發動進攻。同時，由於法國和比利時邊界的亞爾丁高地地形崎嶇，不易機動作戰，所以法軍也沒有在此修築防線或多加防備。但是，法軍萬萬沒有想到，第二次世界大戰爆發的時候，德軍誘使英法聯軍支援荷蘭，再偷襲亞爾丁高地，從亞爾丁高地一舉繞過了馬其諾防線，揮師南下，迅速占領了法國大部分國土和首都巴黎。威名一時的馬其諾防線，一夜之間就變成了一堆毫無用處的混凝土。

又如第三次中東戰爭之後，以色列修築了大名鼎鼎的巴列夫防線（Bar-Lev Line）。在參謀長海姆·巴列夫（Haim Bar-Lev）的設計下，為了長期守住蘇伊士運河的戰略要地，以色列從1969年開始，不惜動用大量的人力、物力和財力，先後耗資數億美元，在蘇伊士運河東岸構築起正面寬約175公里、縱深長約10公里的防禦體系。在這個防禦體系中，最令以軍驕傲的是在運河邊上構築起的一條沙堤陣地，這條號稱「沙陣」的防禦陣地是以色列人的一大發明。它與陡峭的河岸連成一體，平均高度約25米，重點防禦地段高60多米。除了部隊和裝備外，以色列方面還精心設計了「火障」防線，在每座碉堡下面，埋有一串石油桶，用管道相連接。只要一按電鈕，噴油機會把石油噴到運河水面，河面就會燃起熊熊大火，把整條運河變成一條火障，抵禦阿拉伯國家方面的進攻。可惜的是，在1973年10月6日戰爭爆發的時候，埃及部隊利用「以水克沙」的方法，使用高壓水泵沖垮了以色列守軍的沙堤防禦。埃及軍隊只用了短短的

幾個小時、傷亡208人的微弱代價，就一舉突破了以色列守軍一直引以為豪、「固若金湯」的巴列夫防線。至於以色列部隊引以為豪的「火障」，甚至都沒有獲得發揮作用的機會。當然，歷史上類似的例子還有很多，各國統帥的想法其實都一樣，認為只要建立一條穩固的防線，就可以高枕無憂地抵禦敵人的進攻，保障國家的安全。但是，回顧軍事歷史，敵軍幾乎每一次都能想出辦法，繞過或突破守軍布置的防線。從這個角度來看，各國的防線和設計防線的軍事統帥，對於自己防線的抵禦能力，也表現得過於自信。

關於政府和監管層過度自信的例子，也廣泛存在於經濟生活和金融決策中。在1989年美國股災和由此引發的美國儲貸銀行危機之後，時任聯準會主席葛林斯潘（Alan Greenspan）透過大幅度降低利率的方法，大規模地在經濟體釋放流動性。由於這種寬鬆的貨幣政策在短期裡，並沒有引發美國國內出現通膨，也沒有造成資產泡沫，葛林斯潘自信地認為，網際網路的出現和全球經濟一體化進程的加速，將使得美國的勞動生產力大幅度提高。因此，他所推行的寬鬆貨幣政策，不會像歷史上的其他刺激政策那樣，推高美國物價或資產價格，也不會造成大規模的金融危機。直到葛林斯潘於2006年（次貸危機爆發的前一年）卸任時，他的這種想法仍得到了全球政策層的認可。世界各國的領導認為，葛林斯潘使用出色的貨幣政策，幫助美國和全球經濟躲過了一次次的危機，並且創造出新的經濟增長。因此，全球的經濟

學家和銀行家，都用「大師」和「偉大的金融家」的頭銜來稱讚他。

但是，短短一、兩年之後，全球金融危機爆發，全球的政府、民眾和投資者開始意識到，葛林斯潘在任時推動的過度寬鬆的貨幣政策，刺激、乃至扭曲了美國和全球家庭對於住房的投機需求，同時推動了整個全球資產價格大幅度上揚，才有了金融危機前全球經濟高速發展的假象。正是那幾年過度的刺激和發展，才導致了2007－2008年的美國房地產危機、全球金融風暴。從一定意義上來講，正是21世紀前幾年史無前例的經濟增長，導致了葛林斯潘的過度自信，過高地估計了自己對於整個人類經濟運行的瞭解，也過高地估計了聯準會對於整個經濟形勢的掌控。葛林斯潘盲目地認為，科技進步、全球化和網際網路與金融創新，已經把經濟週期這隻老虎徹底關進了籠子。從歷史的角度回顧，葛林斯潘也曾經盲目地相信「這次真的不同了」。

然而，在短期之內沒有出現通貨膨脹或資產價格大規模上漲，並不代表長期以來存在於貨幣供應量和通貨膨脹之間的關係不再適用。葛林斯潘武斷地認為，過去相信的貨幣供應和物價水平之間的正向相關的關係，在新的經濟環境下，已經不再適用。正是由於這種過度自信，導致聯準會對經濟形勢做出了一系列的錯誤判斷，並在事後推出了錯誤的政策，最終導致波及全球的金融危機和金融海嘯，也幾乎摧毀了歐盟和歐元機制，直接導致歐洲主權債務危機。可見，即使監管層是由像葛林

斯潘這樣一言九鼎、具有極高聲望和影響力的人來管理運作，也難以擺脫人類過度自信的基本心理，同樣難以改變經濟運行自身的規律和本質。

2007－2008年金融危機期間，美國還有一個監管層因為過於自信導致錯誤的監管措施出台的例子。美國證券交易委員會是美國對於金融機構進行訊息披露和監管的部門，在2005年前後，美國證券交易委員會已經意識到，市場上的金融機構開始交易一種新型的衍生工具，就是後來導致全球次貸危機的CDO（擔保債務憑證），以及金融機構為了對沖次貸危機的風險而相應創造的CDS（信用違約交換）。作為一個監管機構，美國證券交易委員會的工作目標，主要是以查處違法行為為主，所以工作人員以律師為主，他們對於金融創新商品的理解不是很深入。與此同時，由於金融機構每一個季度向證券交易委員會提供的資產質量的報表中，並不包括金融衍生商品，所以難以準確評定衍生商品對於金融機構的暴險所帶來的重大影響。

首先，在2007年金融危機之前，美國證券交易委員會沒有意識到，整個金融市場的結構已經發生改變，非交易所櫃檯的市場交易（OTC，也稱場外交易市場）的規模和交易風險已經與日俱增。其次，全球的金融機構為了獲得更高的利潤，已經開始採取一些特殊的投資方式進行投資，或是採取一種可以不按照市場真實價值的方式來進行計價的會計體系，以繞開美國證券交易委員會的監管。在這種新的會計體系下，金融機構可以進行

高風險投資。在這麼大的變革面前，美國證券交易委員會卻反應遲鈍。由於缺乏足夠的關注和警覺，美國金融機構承擔了越來越大的風險。隨著金融機構的暴險加大，可以用來支撐這些風險部位的資金也顯得更加不足，由此導致了2007－2008年的全球金融危機。美國很多的大型金融機構，因此不得不面臨倒閉或被國有化的後果。

政府的代表性偏差

在美國，除了中央銀行體系聯準會和證券交易委員會之外，多數證券市場的交易規則是由證券交易所制定的。在金融危機前，歷史悠久的紐約證券交易所關於做空機制的錯誤改革，一定程度上也使得2008－2009年肆虐全球的金融危機愈演愈烈。自從1933年大蕭條之後，為了防止再度出現1929年那種股市崩盤，美國最大的交易所──紐約證券交易所，一直實行一種對融券做空交易的漲價要求。所謂「漲價要求」，是指紐約證券交易所雖然允許投資者融券和做空股票，但是為了保證市場不出現惡意的做空行為，任何一個投資者如果要進行做空交易，必須滿足一項條件，即紐約證券交易所只有在同一支股票的前一筆交易價格上漲的前提下，才會執行下一筆做空交易。如果這筆做空交易之前的一筆交易，導致了這支股票價格下跌，那麼交易所將等到這支股票價格上漲的時候，才會執行該筆做空交易。也就是說，在股價下跌的時候，交易所不允許做空者執行做空交易，以防止做空者惡意壓低股價。

在2008年全球金融危機爆發之初，由於金融機構在進行越來越多的對沖和更複雜的交易時，希望能夠更自由地做空股票，所以一直不停地遊說紐約證券交易所，希望交易所能夠放寬對於做空交易的管制。於是，在2007年末到2008年初、市場相對比較平穩的時候，紐約證券交易所就嘗試放鬆對個別股票的做空要求。由於交易所是在市場比較平靜的情況下，在少數幾檔股票上進行實驗，所以並沒有對整個市場產生太大影響。根據實驗結果，紐約證券交易所盲目地認為，過去半個世紀對做空交易的漲價要求已經不再適用。利用這些有限的證據，紐約證券交易所就此放鬆了對於整個市場做空交易的要求。

結果，在2008年金融危機的時候，出現了對於股票權重股、金融概念股非常大規模的做空交易，其中有一些做空交易就是裸賣空，即沒有融券活動就直接進行做空。由於做空交易的漲價要求已經放鬆，這些裸賣空的交易在短期內，對美國股市產生了巨大的負面衝擊。股價暴跌，進一步加劇了金融危機的嚴重性，對美國金融機構和其他行業都造成了很大的影響。面對六十年對做空機制的經驗，紐約證券交易所只經過了比較短暫的限時交易，就過度自信地認為對於整個金融運行的規律很有把握了，由此推行了錯誤的改革措施，導致整個美國金融體系面臨巨大的風險。

就像某位聯準會官員承認的：「我們不該對美國推出的一系列量化寬鬆政策沾沾自喜，以1929－1933年大

蕭條的教訓為依據，這次以美國政府為首的發達經濟體，大舉推動了資產購買和量化寬鬆的經濟刺激政策，可能要到多年以後，才能客觀評價其真實的長期效果。」

社會組織對人類行為和決策的影響

和企業決策過程相比，政府的決策過程因為往往是集體決策，所以相對比較複雜。這同時反映了一個跨領域、跨行業的政策決策過程，需要各個不同部門和不同層面的協調。

社會學和社會心理學研究都表明，決策者在集體決策的過程中，會面臨一些在個體決策的過程中不會出現的難題。在集體決策的過程中，每個個體都會面臨特別的挑戰或阻礙。史丹佛大學和耶魯大學曾經做過著名的心理學實驗：在個人測試時，很多學生回答不會對別人做出一些比較殘忍的行為，但是一旦把這些比較善良的個體，放在一個群體的環境裡面，研究者發現，在集體討論的過程中，不少人會逐漸認同或支持採取一些極端和殘忍的行為。心理學家用這項實驗和證據證明，在集體決策的過程中更有可能出現極端行為，同時也解釋了納粹德國在第二次世界大戰時犯下戰爭罪行的原因。

很多行為並不是某個人決定的，而是在特定的環境下，由整個社會環境和社會的價值共同推動而造成的。根據心理學的研究，在集體決策的過程中，除了可能造成很極端的決策之外，還可能出現其他問題。比如，集體討論的成員都更加關注已經討論過的話題、關注一些

大家已知的訊息，於是往往會在已經熟悉的方面花更多時間討論，忘記還有很多其他重要的訊息。

此外，社會心理學研究還表明，由於參與討論的個體為了回避在集體討論過程中出現很極端的對立，或者出現強烈的不同意見，人們會更多地討論一些取得共識的想法，而避免討論不同意見。所以，無論是從時間的分配、還是內容的關注度來講，集體討論的結果都沒有多樣性。與此同時，集體討論使得每個參與者都會放鬆在討論中的責任感，覺得最後的決定都不是個人做出的；由於已經聽取了很多專家意見，所以覺得一旦犯錯，自己也不應該承擔主要責任。

人們為了避免在別人面前出現難堪局面，不願意提出和集體討論不同的意見。很多時候，會議的主導者或先發言的人的想法，在很大程度上會決定整個會議的方向。每個人都希望在團體裡得到認同，和別人的意見相對一致；從這個角度來講，集體決策的過程有時不是非常有效，有可能導致決策還不如個體進行的決策。持有不同意見的少數人，會因為考慮到自己的形象，鮮少提出反對意見或不同意見，進而導致整個討論過程出現一面倒的情形。

因此，**所謂「集思廣益」或「眾人拾柴火焰高」的想法固然正確，但在真正重大的決策過程中，集體決策未必比個體決策更有效或更多元化。在董事會做決定或制定重要政策的過程中，人們有可能因為心理學上的原因或自身的局限性，導致決策過程不完全理性或有效。**

政府的控制幻覺：准入限制

在決策過程中，政府除了過度自信之外，還會產生另外一種與生俱來的行為偏誤，那就是「控制幻覺」（illusion of control），即在自身訊息相對有限的情況下，反而對自己的能力過於自信，覺得可以控制自己其實控制不了的局勢。舉例來說，全球有不少政府對本國經濟發展進行長遠規劃，以推動經濟增長和促進社會進步。規劃的前提是，各國政府認為對於經濟的管控和制定的經濟政策，有助於提升經濟發展的速度與質量。

事實上，在所有實施經濟規劃的國家中，既有像新加坡這樣比較成功的案例，也有像蘇聯和東歐國家那種比較失敗的案例，更有像日本這種在短期取得空前的成功，但之後陷入空前困境的案例。所以，**從歷史規律和經濟運行規律來看，規劃對於經濟發展的速度和質量的影響並不明確**。經濟發展有其自身的運行規律，如果政府希望透過政策來熨平經濟週期，或者拉長經濟增長的時期，這在短期或許可以達到目標，但是從長期來講，經濟政策越是在短期扭曲某些要素的配置、越是想拉長或調整經濟週期，就越有可能對經濟增長的長期可持續性造成影響。經濟自身很可能採取更加極端和破壞性的方式，來恢復被短期經濟政策扭曲的要素價格和資源配置。

在1989年股災和儲貸銀行危機之後，聯準會就採取了非常寬鬆的貨幣政策，以幫助美國經濟復甦、刺激經濟增長，卻導致了1996－2000年美國及全球網際網路泡

沫。直到2001年美國網際網路泡沫破裂後，聯準會又一次採取了寬鬆的貨幣政策，以鼓勵居民購買房產的方式刺激美國經濟。這一輪刺激政策，催生了美國的房地產泡沫和房地產危機，最終導致全球次貸危機和2007－2008年全球金融危機和金融海嘯。

即使是在2008年金融危機之後，以美國為首的西方國家政府，並未從過去二十多年的經濟運行中吸取教訓。為了挽救幾乎崩潰的美國和歐洲金融體系，美國和歐洲主權政府又進一步採用大量的量化寬鬆政策，把納稅人繳納的財政資金不斷地注入金融機構。與此同時，聯準會和歐洲中央銀行以購置長期資產、釋放天量流動性的方式，把大量資金注入全球金融體系，造成全球資產價格大規模上漲，也造成全球金融體系的不穩定。在全球金融體系中，越來越多的資金（熱錢）追逐有限的投資機會，導致各地市場不斷地出現大漲大跌的寬幅波動，比如原油、黃金都表現出大幅波動，這其實和政府大規模地利用政策干預經濟運行週期的做法有關。

政策和監管的局限性：
管制與准入限制帶來的扭曲

監管層和政策制定者，都存在一定的行為偏誤和局限性，同時很多政策本身也面臨局限性。由於企業和家庭行為都會對監管政策做出被動反應，所以一項政策或監管規定的實行，有可能導致被監管者和企業行為的完全改變，因此政策制定者必須把市場的反應納入政策決

策過程中。

　　2013年，中國出台的「新國五條」對房產稅進行了規定，本意在於遏制房價上漲過快的趨勢，但政策出台之後，卻導致政策制定者意想不到的兩個結果。首先，與初衷截然相反的是，居民希望在房產稅生效之前過戶房產，因而導致了短期內房地產市場交易的異常火爆和房地產價格的爆發性上漲。其次，很多家庭因為持有多套房產，為了規避在今後交易中可能需要承擔的稅負，而採取離婚的方式來降低每個家庭所持有的房地產數量。於是，房地產過戶交易中心人潮湧動，婚姻登記中心的火爆情況也毫不遜色。究其原因，**主要是在制定和實施政策的過程中，忽略了市場可能做出的非理性反應。**

上市公司「不務正業」為哪般？

　　2011－2012年，隨著中國不少上市公司披露財務報表，眾多媒體紛紛報導了一個有趣的現象：有越來越多的上市公司偏離主營業務，開始染指、涉足，甚至高歌猛進轉入另外兩個領域──房地產和「高利貸」，即把從銀行獲得的低息貸款，以高出許多的利率放貸給那些更需要資金的公司。

　　很多市場觀察者對於這種趨勢表示了關注和擔憂。成功的公司往往都有自己獨特的主營商品或業務，也注定要有自己的核心競爭力；正是基於這種思考，在中國資本市場上市融資的企業，都被寄予了專業、專一發展的期望。暫且拋開中國近年經濟發展的高速度和日新月

異的經濟形勢，即使是在美國這樣高度成熟的市場中，我們也不難發現，許多企業在上市之後，仍會進行重大的戰略轉移和多元化發展。蘋果當年不正是透過從電腦領域到大眾媒體和消費品領域的轉移，才有了過去十數年的輝煌榮耀嗎？亞馬遜不也正是透過完成從網路書店到網上一站式消費門戶的轉變，才得以從網際網路泡沫破裂中涅槃重生嗎？

上市公司追求股東回報的最大化，是應盡的職責。擴大股東收益，無非是透過股市融資進行更有回報的投資。從這個角度來講，公司管理者的重要任務，就是尋找那些有發展性、高回報和低風險的投資機會。那麼，如果上市公司似乎做到了這一點，為股東獲得了無風險的獲利和套利機會，為什麼反而受到關注、批評和指責呢？

關鍵在於兩點：第一，這種投資或套利的機會，並不是所有公司都有機會參與。試問：那些接受上市公司高利率貸款的非上市公司，不正是由於缺乏從傳統銀行體系獲得稀缺而珍貴的廉價信用資源，才被迫尋求其他融資管道的嗎？

這一方面反映了中國民間企業對資金的強烈渴求，另一方面反映了傳統金融機構沒有很好地提供企業所需的信用。如果是支付同樣的利率，為什麼銀行沒有自由或能力，直接對需要資金的企業提供融資，自己來獲得豐厚的利差收益呢？在金融領域裡，像利率這樣重要價格信號的嚴重扭曲，直接導致了企業融資和投資決定的扭曲。這麼看來，上市公司並非這種決定的始作俑者，

只不過是理性地對市場價格做出反應的經濟人罷了。

第二，既然成為上市公司，就意味著不但可以從股票市場獲得大量廉價的資本，還可以利用上市公司的身分，從銀行獲得更加低廉、大量的資本，那麼上市這個目標就變得更加難以抗拒了。只要能夠成功上市，烏鴉也能變鳳凰；只要能夠成功上市，公司就可以把廉價融資和不負責任的投資遊戲長久地玩下去；只要能夠成功上市，公司就能衝破銀行系統的阻力和貸款過程中的不對稱，輕而易舉地給股東帶來像樣的回報。無怪乎上市公司對這種做法見慣不怪，而非上市公司對這種行為大呼不公了。

對很多公司、尤其是高新技術公司，上市應該是新的創業的開始，可在當前的環境下，竟成了很多公司創新的終點，這為市場監管者提出了新的課題和挑戰。對上市的限制，顯然是出於監管層對投資者的呵護與保護，希望透過上市過程中的篩選和甄別，防止重大紕漏或欺詐。

在過去一百年間，美國的資本市場經歷了一次大蕭條、兩次世界大戰、三次惡性通貨膨脹，以及眾多的國際事件、經濟週期和欺詐醜聞。投資者在歷經艱辛後，仍然不免在網際網路泡沫和次貸危機中輕信預測、蒙受重大損失，可見投資者的某些行為偏誤，很難透過簡單限制上市或保證收益來避免。成熟的市場需要成熟的投資者，而成熟的投資者必須最終有能力做出風險和收益之間的權衡與判斷。一味限制上市過程，反而可能助長

了投資者對於自身有限投資能力的信心；長遠來看，則是累積了市場風險，最終給投資者帶來了更大的損失。

上市公司「不務正業」的現象，當然值得思考和擔憂，但板子似乎不應該落在上市公司身上。**如果有一天，所有企業都有機會「不務正業」，「不務正業」的機會自然就會消失。**

中國企業為什麼不回購自家股票？

除了企業的業務選擇之外，中國上市公司回報股東的方式，也一直受到投資者和證監會的關注。2012年，證監會曾大力號召上市公司，尤其是那些低市淨率（總資產值低於淨資產值）*的企業回購本公司的股票。

從國際資本市場的經驗來看，這不失為是一劑良方。一方面，公司回購自家股票對公司股價有推升作用。根據美國資本市場過去四十多年的研究，回購公司的股票在今後一年可以跑贏其他類似、但不進行回購的公司七、八個百分點。另一方面，如果上市公司相信公司的價值遭到低估，那麼回購本公司股票不但可以向市場傳達管理層對本公司充滿信心的訊號、進而推高公司股價，還可以幫助公司以較低的成本增加對公司股票的控制，進一步支持管理層的長期戰略和計劃。

然而，在中國證監會的號召發布之後，真正進行回

---

* 市淨率為股價除以每股淨值；理論上，市淨率低意味著股票價值被低估，投資價值較高。實際上，在判斷投資價值時，還需要多方考量各種條件。

購的上市公司屈指可數。其中原因頗多。首先，公司淨資產是一個相對靜態的概念。許多企業的淨資產可能在上市前都沒有經過太大的調整，而在上市之後，企業可能已經透過主營業務調整、股權結構變更、關聯交易和資本運作，大幅改變了真實的淨資產規模。因此，市場認定的淨資產，可能未必是企業真正的淨資產。**那些跌破淨資產的企業，在內部人士眼中，也可能並不一定顯得那麼便宜。**

其次，即使市場真的沒能反映某些公司股票的內在價值，市場也可能長期無效地繼續這種不準確的估值。一個經典案例是封閉式基金的定價。作為一個投資組合，封閉式基金理應準確地反映組合中所投資的證券的價值；然而，基於全球資本市場的研究表明，幾乎在各個資本市場，封閉式基金的價值，經常會低於其投資組合的市場價值。按照投資理論，投資者只要在市場上買入該檔封閉式基金，同時在股市上透過融券賣空該檔基金所持有的投資組合，就可以賺取該檔封閉式基金被市場低估的價值。

然而，這種貌似俯拾皆是的賺錢機會，顯然沒有投資者想像的那麼簡單。首先，在市場上，不能保證封閉式基金的折扣會在短期內消失，中外股市都曾出現過某些封閉式基金的折扣，隨著時間推移非但沒有減少，反而逐步增大的現象。投資者如果按照前述這樣的投資策略操作，非但不會賺錢，還會蒙受損失。

再者，投資者往往關注短期的投資績效，可能沒有

耐心等到市場發現企業的真正價值。目前在中國市場，散戶仍然占重要地位，機構投資者的很多決定，在對企業長期發展進行研究和判斷的同時，也不得不考慮市場上的散戶等其他參與者的情緒和偏好。如果一個市場上的投資者，考慮的多是股市下個月會怎麼表現，那麼關注股市長期發展的政策，很可能在短期遭到市場忽視。

最後，在其他很多發達的資本市場裡，融券和賣空活動也受到限制，而且是有成本的，所以投資者必須在套利的成本和收益之間進行權衡。只有在投資的預期收益高於融券成本的前提下，投資者才會考慮賣空活動。

當然，還有一種可能，就是投資者雖然清醒地認識到，企業的總資產值低於淨資產值，看似短期有利可圖，但是由於企業在今後不能產生正的現金流（企業盈利不足以涵蓋運作成本），那麼企業的總資產值在今後不會上升，而是會下降。企業可以創造價值，同樣也可以摧毀價值。如果真是這樣，**那麼今天看似便宜的價值投資，可能在幾年內就會變成錯買的「白象」。歸根結底，股票市場考慮更多的是未來，而不是眼下。**

所以，儘管有海外成功經驗和中國證監會的大力號召，無論是上市企業，還是市場投資者，都有各自理性的考量，而選擇不進行回購或不追捧計劃回購的公司股票。與此同時，**市場短期的欠理性是資本市場的通病、而非特例，因此不該用某項政策短期對市場走勢的影響來評判政策的邏輯和影響。**

在2008年金融危機之前，葛林斯潘被認為是全球

股票牛市的推動者。全球金融危機過後，很多人認為他是美國房地產泡沫、乃至全球金融危機的製造者。**很多對市場長期發展大有裨益的政策，可能會因為各種原因在短期內不受到市場認可。**就像凱因斯承認的：「長期（目標）對短期政策會有誤導影響，因為在長期以後，我們都不在了。」但難道這就意味著，我們不再應該為長期成功而嘗試嗎？

新股新規，恐難治本

為了遏制中國A股市場新股上市過程中的「三高」問題（高發行價格、高本益比、高超募資金），證監會在2012年曾針對限制炒作新股做出了嘗試性的規定，要求新股上市當天漲幅不得超過一定幅度。在一定程度上，這和過去幾年房地產調控中對新房供給和新房定價的規定有異曲同工之妙，都希望透過對於價格的管控，來打擊投資者的預期和調整投資者的行為。政策頒布之初，兩支新股在上市當日觸及漲幅限制後，被暫時停盤，新政的短期效果相當明顯。然而，在隨後的幾個交易日中，這兩支新股特立獨行地走出了一輪持續上漲的行情，似乎要把上市首日受漲停限制、沒能充分發揮的行情報復性地走完。

顯而易見，中國證監會希望利用新政來限制上市首日的炒作，進而打擊炒新的游資，以達到彌合一級與二級市場之間估值鴻溝的目的。但是，此做法似乎缺乏戰略性的全盤考慮。第一，游資正是看中了新股發行制度

上的缺陷，才瘋狂炒作新股。因此，只要新股發行制度中的缺陷得不到解決，炒新的資金就不會退場。第二，壓抑首日價格飆升，勢必造成隨後幾天的價格上漲，因此新政充其量可以緩解眼前的問題，難以根除。第三，從普通投資者的角度來看，上市首日大漲和隨後幾日補漲相比，前者未必是壞事。**首日大漲，可能會讓一部分投資者意識到價格太高，對風險有所擔憂；而溫水煮青蛙式的緩漲，可能會讓投資者喪失警惕性。**

新股上市首日獲得超出市場平均水平的收益，並非中國A股市場的個案，而是反映了上市發行過程中深層的資訊不對稱的問題，全球皆然。廣大散戶蒙受損失，或不能跑贏大盤，也並非中國A股市場的特例。根據筆者對美國和台灣證券市場的研究，即使在不實行發審制的海外市場，大半以上的散戶虧損，大多數散戶的績效跑輸大盤，都是普遍現象。這種現象在很大程度上，可歸因於散戶在投資過程中難以克服的諸多行為偏誤，例如：追高殺低或聽信傳言。

投資者必須在市場中成長，而經受損失是成長必須經歷的一步。真正的威脅在於：投資者盲目地認為自己受到了保護，但本應給他們提供保護的監管者，卻沒有相應的能力履行承諾。以往中國發審過程的重要問題在於：給投資者提供了一層並不真正存在的「安全墊」。為什麼眾多中國企業遠赴美國納斯達克上市？一項重要原因就在於：納斯達克對於盈利紀錄和商業模式沒有明文規定；市場認可的，美國監管層和交易所也認可。上

市只是手段，估值還要看市場。既然創業板是為了鼓勵創業和創新，為什麼還要對過往盈利和盈利增長速度提出硬性要求？如果說，以往創業板發審制是以保護投資者為目標，何以投資者在創業板上受的傷比主板更多更深？一級與二級市場之間的割裂（反映在新股上市後的平均績效和股價下滑）達到史無前例的程度？

中國的投資者，無論在股市、還是在樓市，往往面臨著類似的悖論：一方面，投資者尚未具備審慎明智的投資能力；另一方面，投資者對於政府的「托市」和保護抱持著無盡的信心和憧憬。這有點像網際網路泡沫期間葛林斯潘看空期權；投資者相信，央行永遠會站在股市一方，利用貨幣政策調整來推動股市。這造就了美股在1990年代的大牛市，也為21世紀第一個十年的全球金融危機和股市蕭條播下了種子。政府呵護市場的動機再良善、用心再良苦，在金融市場中都不過是眾多信息中的一個，用多了自然就不靈了。

什麼是好公司？什麼是壞公司？市場會給出最公正、也最準確的判斷。任何行政審批和計劃手段都不能、也不可能和市場一樣有效。很久以前（1920～1940年代），在圍繞奧斯卡・朗格（Oskar R. Lange）＊關於整個國民經濟計劃的理論爭論中，就已將這一規律講得很透澈了。在各國的經濟實踐中，計劃經濟的局限性也明顯暴露出

＊　主張計劃經濟中的管理者，將能夠透過商品庫存的增加和減少來監視供需，並主張將主要產業國有化。

來。國民經濟尚且如此，針對市場性最強的資本市場，更應該減少行政干預色彩。

高送轉新規

2018年11月23日，上交所和深交所相繼發布《上海證券交易所上市公司高送轉信息披露指引》與《深圳證券交易所上市公司信息披露指引第1號——高比例送轉股份》，明確規定上市公司在虧損、淨利潤大幅下滑等三種情形下，上市公司不得高送轉——對原有股東進行高比例的送股和轉股。具體而言，上交所和深交所分別明確了高送轉的認定條件，共同條件是：「公司送紅股或以盈餘公積金、資本公積金轉增股份」，但上交所提出的是：「每10股送轉5股以上」，深交所則是：「每10股分別達到或超過5股、8股、10股。」

究其本源，「高送轉」其實只是一種「股本擴大、股份拆細」的帳面處理，屬於股東權益的內部調整，與公司生產經營和贏利能力無直接關聯，對投資者持股比例沒有實質影響，更無法提升上市公司的價值。但是，由於在廣大散戶心中，存在著強烈的關於股價在高送轉後（除權價）還會漲回送轉前的價格（含權價）的填權行情的錯誤預期，高送轉在國際和中國市場，都經常成為上市公司引導投資者預期、人為操控股價的一個重要手段。研究表明，中國A股市場的很多高送轉行為，不但不能單純以擴大股本、增強流動性來解釋，而且有可能導致公司觸及股價低於1人民幣面值的下市指標，增大下市風險。

企業分紅和送轉行為，本來是普通、而且正常的公司金融行為。但是長期以來，不少中國A股上市公司實施的送轉股比例，遠遠超過公司業績增幅和股本擴張的實際需求。它們利用極端送轉行為吸引投資者的關注，甚至以高送轉為幌子，掩護信息、合謀操縱，進行內幕交易、對沖限售股解禁壓力等違規行為。從既往表現來看，推出高送轉公司的股價，雖然在短期內有所上升，但基本上呈現雲霄飛車的走勢——快漲慢跌、漲少跌多，中小型投資者極易被割韭菜。正因為如此，中國上市公司高送轉的趨勢愈演愈烈，甚至出現了有的公司推出每10股送轉30股的超高比例送轉方案。

值得指出的是，這種與自身經營發展明顯不匹配的高送轉，不僅會在短期引發市場跟風炒作，也會在中長期導致公司股本過度擴張、每股收益過度攤薄，在股本管理方面透支後續發展空間。

上交所和深交所正是在關注到這種嚴重背離公司經營績效的高送轉行為，雖然滿足了市場中一小部分人的利益，但可能損害了大多數的投資者、特別是中小型投資者的利益之後，特別向廣大股民指出：**高送轉屬於權益的內部調整，無法直接反映和提升公司業績，更無法直接提升上市公司的價值。**上交所和深交所要求上市公司披露高送轉方案，規定其最近兩年同期淨利潤應當持續增長，且每股送轉比例不得高於上市公司最近兩年同期淨利潤的複合增長率，嚴禁上市公司給廣大股民開沒有業績增長支撐的空頭支票。

12

數字遊戲

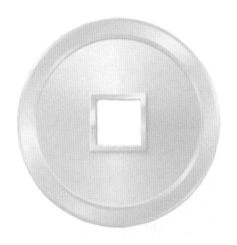

如果官員相對短期的目標函數和政府或企業長期的目標函數不匹配，
就可能導致地方政府為了追逐短期國內生產總值增長而過度借債，
忽視環境保護或民生問題。這些問題源於政府的長期目標，
沒有獲得短視的官員的支持與貫徹。

在談到政府決策時，人們往往會忽略政府和政府官員目標函數的區別。如果我們把政府想像成一個投資者、一家企業，政府便會有自己的投資目標。企業的目標是給股東帶來最高的回報，政府的目標就是幫助國家和地區發展經濟，促進社會進步和提供優質、廉價的公共品。與此同時，我們必須清醒地意識到，具體負責政府運作的政府官員，其實和具體負責整個企業運轉的公司高管一樣，也有自己的目標函數。如同股東委託公司高管管理企業一樣，選民或人民也是以委託官員管理的方式，來實現自己的目標。從經濟學上來說，這個過程存在一個委託和代理的關係。委託人，就是公司的股東或人民群眾；代理人，就是公司高管或政府官員。委託人委託公司高管或政府官員幫助他們運作企業或政府；在這個過程中，由於最終的投資人（例如：股東）和最終的管理人（例如：公司高管）之間的目標不完全一致，我們會觀察到高管的許多行為，是出於自身利益的考量。高管有時會把自己的利益，放在所代表的股東利益之前，之前在第7章就講述了大量這樣的案例。

政府的運作和公司的經營也有類似之處。政府的目標確實是促進整個經濟長期發展，同時提升整體居民的生活水平。政府官員的目標和政府的目標大體上一致，但是又有一些區別。從某個角度來講，政府是一個機構，所以很難說它要付出更多的努力或勞動。但是，政府官員是有血有肉的人，會考慮投入和產出之間的平衡。例如，一天上班是工作八個小時、還是十幾個小

時，這對官員本人其實也是一個選擇。官員可以選擇投入很多精力和努力去工作，也可以採取相對比較輕鬆的方式去工作。政府官員用多大的努力工作，反映出他們和政府在目標函數上的不一致。

還有一點值得注意，無論是一個政府、還是一個國家，普遍意義來說，都會長期存在。然而，每一位政府官員在某一個具體的崗位上、某一個地區的任期是有限的，這種目標函數期限上的不匹配，也會導致我們在前面講的公司高管和政府官員在決策過程中目標的變化或扭曲。如果只是考慮自身任內的事，我的目標函數就是要在這短短的幾年內，無論是GDP（國內生產總值）增長、還是稅收增加，都要立竿見影。政府官員有比較短期的目標，跟公司高管在短期內推高公司股價的現象有類似之處。

過了一段時間，官員因為短期工作成績好而得到了晉升，就會掌握更多資源，在官場上更上一層樓。在這個過程中，官員的目標函數就會相應改變。官員相對短期的目標函數和政府或企業長期的目標函數之間，出現一個不匹配，就會導致地方政府為了追逐短期GDP增長而過度借債，對環境保護不夠，或者對民生關注不夠。這在一定程度上，也是因為政府的長期目標沒有得到「短視」的政府官員的支持和很好的貫徹。

此外，任何政府機關在運作時，都必須考慮擁有多少資源。這就如同公司高管在進行投資決策時，必須考慮如何融資或如何獲得資金。在此前提下，由於政府官

員必須平衡自己在收入和支出方面的資源，也要考慮怎麼能夠在短期內獲得更多的資金和資源；從這個角度來講，很多時候官員必須做大量短期效應很強的活動。如果我們從官員的角度來看，這些產生短期效應的活動，其實是非常理性、非常合理的。官員為了能夠在短期把自己的政績或GDP推上去，必須獲得更多資源。為了獲得這些資源，可能必須扭曲一些價格，或者強行獲得一些比較廉價的資本或資源。從這個角度來講，由於政府和政府官員的目標函數不完全一致，我們才會看到官員做出一些有利於短期GDP增長，但可能不利於經濟長期穩定發展的決定。

造成這個現象的一個主要原因，就在於我們對政府工作和官員績效的考核體系。在這個資訊爆炸的時代，大家越來越多地把自己的關注焦點，放在類似GDP增長率和財政收入增長率這樣比較容易衡量的標準上。就像有些經濟學家曾說的，經濟學家研究的不是那些重要的問題，而是那些可以測量、可以計算的問題。這確實是經濟學和金融學發展過程中的一個重大局限，也逐漸成為影響我們整個政策制定和社會運作的掣肘因素。

在國內，考核官員最重要的一項指標，可能就是GDP的增長，即當地GDP的增長，當然還有稅收收入的增長。這兩項指標關聯度很大，隨著經濟的發展，稅收收入也會增加。**這兩個重要的數字，決定了很多官員的績效考評和仕途晉升。在這個前提下，我們必須對數據的真實性和可靠性，給予特別的關注和採取審慎的態度。**

對GDP增長的追求和統計數據的影響

　　中國處在一個經濟結構快速轉型的時期，中國的官方統計數據有時難以準確地捕捉經濟運行的真實情況。一方面，有些統計數字的估算顯然偏低。例如，近十多年來，中國城鎮失業率一直穩定在4～5％多左右，好像完全不受經濟週期的影響。但按照當前戶籍統計，或者按照常住人口方法統計的中國城鎮化率，都有可能由於樣本和統計方法的原因，低估了中國城鎮化的進程。此外，很多研究表明，居民的灰色收入，尤其是高收入階層的灰色收入，一直沒有被納入收入統計之中，這直接導致了居民收入被低估。同時被低估的，可能還包括追蹤收入分配的吉尼係數（Gini coefficient）和追蹤國內房地產價格的國內新房與二手房房價指數（本章後面會著重討論）。這些數據的低估，意味著對於中國當前發展階段、經濟運行趨勢、消費與投資的關係，以及房地產泡沫程度等問題都需要重新審視，也需要進一步分析和研究。

　　另一方面，更嚴重的統計數據失真的問題，可能出現在數據的過高估計上。在過去二十多年的中國經濟發展過程中，時常出現地方GDP和GDP增長數據，與中央GDP和GDP增長數據「打架」的情況。而幾乎每一次中央和地方數據不一致的時候，都是地方數據大大超過中央政府的統計。這背後的一個主要原因，就是地方政府有強烈調高GDP和GDP增長數據的動機。

與此同時，地方數據本身有時也會出現明顯的不一致，一個典型的例子就是GDP增長和發電量數據「打架」。由於中國目前的經濟增長結構，對於能源和電力的消耗仍然很高，所以經濟增長（GDP增長）和發電量增長，一直以來有一個非常強的正向相關關係。但是在歷史上，曾經不止一次出現地方GDP增長和地方發電量增長兩項指標明顯背離的情況，而這種情況往往是發生在經濟出現下滑和政府力圖「保增長」的時候。這種時間上的巧合，不能不讓人擔心地方GDP增長數據裡的水分。

舉例來說，2013年前幾個月的中國貿易數據，受到國內外多方人士的質疑。一直以來，內地對香港出口與香港從內地進口，這兩項數據有相當高的關聯度，但當期內地對香港出口同比增速為35.5％，而香港從內地進口卻為–18.0％。更有趣的是，雖然內地對香港的出口增長率大幅提高，而同期內地對其他主要亞洲貿易夥伴（例如：韓國、台灣）的出口量卻大幅下降。要不是內地對香港出口的大幅增長，中國的外貿出口數據大概也會在當期出現一個明顯的回調。這種「巧合」的貢獻，不得不讓人們又一次對官方統計數據的客觀性和準確性產生了一絲憂慮。

雖然中國的《統計法》賦予了統計數據獨立性，但是由於地方官員對政績的訴求，使得統計數據、特別是基層統計數據的客觀性和準確性受到很大干擾。此外，一些技術上的因素，例如：時間序列數據的可比性、重要宏觀數據的季節性調整、重要節假日和極端值的剔除

和調整等，也都會影響數據的客觀性和準確性。投資者必須以一種更有系統、更科學的方法來看待統計數據。官方數據經常遭到質疑，究其原因，主要是官方數據的來源、蒐集方法、覆蓋面、流程等重要細節不為公眾所知。如果政府能在這些方面主動增加透明度，公開更多統計細節，促進數據透明化，並且鼓勵民間組織與個人加入統計研究，那麼官方數據的公信力就會大大增加。

使用錯誤的統計數據進行經濟決策，可能會差之毫釐，繆以千里。如果數據是因為利益驅使而出現明顯的誤差和偏向，那麼錯誤的數據只會誤導決策層做出錯誤的決定。自2008年以來一直困擾全球經濟的歐洲主權債務危機爆發的最初原因，其實無外乎希臘財政部在國際投行的幫助下，創造性地改編了希臘主權債務和財政赤字的數據，而歐盟統計局因為沒有經驗，也一直沒能發現其中的玄機，故而也對希臘危機的大規模爆發負有失察的責任。2005～2007年美國房地產危機的爆發，一定程度上也是因為美國房地產協會拒絕使用能夠更好追蹤房地產市場走勢的房地產指數，故而沒能發現美國全國房價大幅度上漲的趨勢。**國際經驗和教訓，一次又一次地告訴我們，數據的質量無論對學術界、實務界，還是決策層，都是制定政策過程中最為重要的基礎。**因此，保證統計數據的準確性，尤其是保證統計數據不受政府官員的系統性影響，對於中國經濟下一步穩定、可持續發展和經濟政策的制定，都發揮了重大的作用。

為了追求GDP而忽視數據的案例

2013年1月18日，中國國家統計局一下子公布了2003年以來近十年的官方吉尼係數。數據顯示，這十年每年吉尼係數都在0.4以上，2008年的吉尼係數最高、達到0.491，此後逐年緩慢回落，2012年吉尼係數降至0.474。社會對這項數據的公布，給予了各種截然不同的回響。支持者認為，中國國家統計局終於又開始公布一項重要經濟數據的官方統計了。質疑者認為，該數據與西南財經大學中國家庭金融調查與研究中心在2012年底發布的吉尼係數形成鮮明反差。根據該中心發布的數據顯示，2010年中國家庭的吉尼係數為0.61。

吉尼係數是20世紀初義大利經濟學家科拉多·吉尼（Corrado Gini），根據羅倫茲曲線（Lorenz curve）提出的衡量收入分配差異程度的一項指標，數值在0到1之間——越接近0，就表示收入分配越趨向平均；反之，收入分配越趨向不平均。國際上，0.4被稱為警戒線，超過這個數值，說明居民收入差距較大；而超過0.6，就說明收入分配懸殊。在主要的發達國家中，只有美國的吉尼係數在0.4以上，福利國家的吉尼係數則一般小於0.3。根據學術論文顯示，1978年中國的吉尼係數是0.317；到了1984年，全國居民吉尼係數降低到0.24，是改革開放以來的最低水平。

對兩組不同管道的數據，社會上存在廣泛的爭論。中國國家統計局官員表示，由於難以獲得高收入階層居

民的真實收入信息，國家統計局的吉尼係數數據確實偏低。但在2012年，即使是這樣偏低的吉尼係數（0.474）也已經超過國際警戒線，值得政策制定部門對中國的收入分配問題進行更深入的思考。與此同時，國家統計局公布的數據顯示，吉尼係數在2008年以後略有下降，這一點與許多接受媒體調查的居民感受大相徑庭。許多家庭感覺到，在2007－2008年全球金融危機後，政府推出大規模經濟刺激政策，中國社會的收入差距明顯增大了；這也進一步加深了人們對於國家統計局發布過於保守的吉尼係數的質疑。

針對這一點，國家統計局時任局長馬建堂也表示，國家統計局在獲取高收入階層收入情況時面臨難題，因為很多高收入者都會低報收入，而且會隱藏灰色收入。與此同時，正是為了調整這種調查之中的樣本偏差，西南財經大學在調查中採取了補救措施，在抽樣設計中就透過多抽取富裕地區和富裕家庭的方式來糾正高收入者低報收入的現象。所以，兩組數據在方法論和樣本上的偏差，導致了它們的差異。

無論孰是孰非，社會上一致呼籲國家統計局應該公布吉尼係數的估算過程和原始調查數據。同時，也必須看到，無論採用哪種統計方法和調查方法，都不能改變一個基本的事實，即中國目前的收入分配不均現象比較嚴重，某些高收入群體擁有大量來自隱祕途徑的灰色收入，這正是導致目前數據偏差和估計不準確的主要原因。正如哈佛大學一位著名經濟學家在訪問中國時間的

那樣：「中國已經變成如此強大的一個國際大國，怎麼還能容忍這麼多不準確的重要經濟數據呢？」

除了吉尼係數，中國國內許多社會、經濟生活方面的數據，也大多令人質疑。2012年底到2013年初北京上演的「十面霾伏」，又一次把環境問題的嚴重性推到了風口浪尖。一時間，國外媒體再一次對中國的環境問題進行了集中報導，並對中國經濟的增長模式和可持續性提出了更多的討論。再觀國內，從國務院到地方政府，從媒體到民眾，也都對環境問題發出了「忍無可忍」的聲音。

過去好幾年，許多老百姓開始自發性地組織進行空氣品質監測，結果是空氣清淨機的熱銷缺貨。為了能夠喘上放心氣、喝上放心水、吃上放心菜，有越來越多的大城市居民選擇遷居到城鎮郊區生活。

反觀環保部門的統計數據，卻顯示過去十年全國大中城市的空氣品質持續改善，有越來越多的城市環境品質達標，甚至達到良好水平。

老百姓的切身感受和官方的統計數字，為什麼會有這麼大的差異？一個主要原因是統計口徑。2013年以前，中國在空氣品質指標上發布的是PM10顆粒（可吸入顆粒物），而許多發達國家發布的是PM2.5顆粒（可吸入肺顆粒物）。雖然體積較大的PM10顆粒物在減少中，這樣的趨勢固然可喜，但體積小的顆粒物對人體的危害也不容忽視。而此前中國的統計口徑並未反映出居民對環境變化的切身感受，2013年之後，隨著中國開始統計

PM2.5，這種矛盾才得以解決。

統計數據和居民感受的背離，引發筆者想到另一個類似的話題——全國的房價。

中國廣泛使用的房地產指數，是中國指數研究院編制的中國百城價格指數。根據中國指數研究院的網站，中國百城價格指數的房價樣本範圍，包括各城市所有在售的商品房項目（新房）。

這一曾在成熟國家被廣泛採納的編制方法，在過去一段時間受到國外學界的廣泛質疑。在中國高速變革的經濟環境和城市化快速推動中，國內房地產指數編制中的樣本選擇偏差，尤其值得關注。

以北京市的房價為例。北京的城市規劃採用從城中心到郊縣的「環」式規劃，從1980年代的二環路到現在，已經修到了近郊區縣的六環路。伴隨著城市規模的不斷擴大，新開工的房地產項目的選址也越來越遠。在21世紀初還算偏遠的亞運村、望京、亦莊等地，現在已經成為備受矚目的核心地區。以前在三環內有很多新開工項目，如今這樣的項目變得鳳毛麟角。如果只是簡單地採用新竣工項目的均價來編制房地產指數，就會不可避免地忽略一項重要事實，即目前新竣工項目的地理性質，已經大大不同於以前竣工項目的地理性質了。由於新竣工項目越來越遠，而級差地租又導致了核心地區的房價永遠會（遠遠）高於周邊地區，上述統計樣本上的偏差會直接導致目前的房地產價格指數被低估，甚至大大低估了房價在過去十數年以來的漲幅。

用虛擬數據舉個簡單的例子。2000年，北京三環內新房房價平均為5,000元/m²，三環至五環之間平均為3,000元/m²，五環之外房價平均為1,000元/m²。到了2012年，三環內新房房價為20,000～50,000元/m²，三環到五環之間平均為30,000元/m²，五環之外的房價平均為10,000元/m²。

　　假設新房分布的地域不變，三環之內占50％，三環到五環之間占40％，五環之外占10％，那麼2000年北京的平均房價是3,800元/m²（5,000×0.5+3,000×0.4+1,000×0.1），2012年北京的平均房價是38,000元/m²（50,000×0.5+30,000×0.4+10,000×0.1）。十二年間，房價上漲了900％。

　　然而現實是，到2012年，新房的地域分布發生了重大變化。2012年，五環外的新房占據了新房總量的50％，三環到五環之間占據了40％，三環之內只占了10％。按照這種地域分布，根據中國房地產指數的計算方法，2012年北京的平均房價就是22,000元/m²（50,000×0.1+30,000×0.4+10,000×0.5）；按照這種方法計算，十二年間，北京的房價僅上漲340％，還不到前一種方法的一半。

　　由此可見，中國房地產指數因為忽略了樣本在時間序列上的重大變化，統計出來的中國百城房地產指數嚴重低估了房地產市場價格的上漲幅度。

　　值得指出的是，即使是中國國內的二手房指數，也面臨類似的問題。同樣根據中國指數研究院的網站，二手房指數的樣本選取，是基於「當地主要城區成交較為

活躍的代表性樓盤」。隨著新開工項目和城市人口居住地越來越向周邊推進的趨勢，二手房指數的樣本選取偏差也越來越大，數據的準確性也越來越差，由此引發的政策誤導性越來越強。

這種測量方法上的偏差，從方法論上來講是缺乏科學性的，從政策意義上來講會帶來很大的誤導性。這可以解釋為什麼城鎮居民對房價居高不下的怨聲，遠遠超過了官方統計數據可以解釋的範圍；為什麼中國的房地產統計指數的背離，大大超過了發達國家、甚至主要的發展中國家，並且還看不到調整的跡象和動力。

過去在房地產調控的過程中，不乏地方政府限制某些高價樓盤銷售的舉措，以保證房地產價格指數不會上升。且不論這種做法背後的政治、經濟考慮，單是這種做法本身，就暴露了以新房銷售價格和規模編制房地產指數的方法，在中國特定的經濟發展階段與房地產調控政策下的局限性。

綜觀國際房地產經濟的研究，越來越多學者認同採用同等房屋重複銷售的方法，也就是透過記錄和統計二手房價格連續變化的方式，能夠更準確地反映房地產市場的變動。筆者在耶魯大學的導師羅伯・席勒教授，根據房地產市場二手房重複銷售的方法，追蹤美國房地產市場所編制的凱斯－席勒房價指數（Case-Shiller Home Price Indices），更是在2007－2008年美國房地產危機後，成為發達經濟體得到最廣泛應用的房地產指數。

PM2.5和房地產指數看似風馬牛不相及，其實涉及

的都是統計方法的問題。從某種意義上來說，**政策的制定和實施是一門測量科學；統計標的和方法的確定，直接決定了統計結果和經濟政策的選擇。錯誤的統計選擇，往往會導致錯誤的數據解讀和政策判斷。**

統計方法上的偏差，倘若只是科學方法上的偏頗，倒還容易修正。**更讓人擔心的是，統計方法在選擇和數據獲取過程中存在系統性的利益驅動。**

在2007－2008年全球金融危機前的信用評級機構，提供的就是這種帶有蓄意偏差的數據。透過對大量和房地產有關的債券，提供過於正面的信用評級，信用評級機構在短期內蒙蔽了大量投資者並獲得了高額收入。但是，它們在金融危機時期不得不直視真相：結果是，不但摧毀了自己在過去幾十年間累積的聲譽，而且幾乎摧毀了全球經濟和金融體系。

因為不相信信用機構的評級，大規模沽空和房地產相關的CDO和CDS、創下對沖基金史上的天量收益而聞名的約翰・保爾森，在事後曾經謙虛地反思：「我不過是那個有勇氣喊出『國王什麼衣服也沒穿！』的小孩。」誠實，很多時候，比智慧更有價值。

資訊錯誤導致金融危機

包括標準普爾、穆迪和惠譽在內的全球三大信用評級機構，一直是全球債券市場裡的重要裁判。美國著名作家湯馬斯・佛里曼（Thomas Friedman），曾把信用評級機構比作超級大國：「美國可以用炸彈摧毀一個國家，

而信用評級機構可以透過調低一個國家的信用等級摧毀一個國家，我不知道哪一種超級大國更讓人恐懼。」佛里曼指的是，一旦一家公司或一個國家的信用評價遭到下調，那麼許多投資者就會對該公司或該國償還債務的能力產生懷疑和擔憂。這種懷疑和擔憂，將會使得公司或國家今後的融資難度大大增加、融資成本大幅提升，導致公司的營運效率降低和國家經濟發展速度的減緩。

2011年，全球金融市場迎來了美國信用評級機構標準普爾有史以來第一次調低美國國債的信用等級，引發全球股市大跌和全球金融體系的又一次大幅震盪。短短幾週之後，另一家重要的信用評級機構穆迪下調了日本國債的信用等級，又著實讓全球的投資者都為美國和日本、甚至全球範圍內的主權債務捏了一把冷汗。

然而，這一貌似嚴密的推理邏輯，卻並未在國債市場上得到證實。日本股市在國家信用評級下調後，只蒙受了1%左右的跌幅，而日本國債的收益率，更是神奇般的幾乎毫髮無傷。那麼，是理論失誤了，還是市場失靈了呢？這些信用評價的裁判員或者「超級大國」，為什麼突然失去往日的影響力了呢？

各國政府在2008年全球金融危機過後，爭相大規模增發貨幣刺激經濟，直接後果就是全球流動性泛濫，資本橫流。但凡有想像和炒作空間的資產，從全球股市到中南美洲的咖啡，從全國亢奮的房價到瘋狂的雲南黃龍玉，投機資本已經把可能吹大的泡泡都紛紛吹大了，到頭來反而是相對安全的債券資產被低估了，於是無論

評級如何，國際資本都仍然選擇在相對安全的大國主權債裡扎堆取暖。美國和日本兩國，雖然國家財政和償債能力的確堪憂，但政治、經濟和外匯的基本架構仍然穩定。反觀和美、日兩國一直並駕齊驅的歐元區，卻不得不在處理內部經濟增長乏力的同時，必須處理歐元區內大國與小國、富國與窮國、財政穩健與財政進取國家之間的矛盾和平衡。這導致歐元區債務的吸引力下降，在一定程度上抵消了美、日兩國國債的問題和風險。

　　信用評級機構在經歷2007－2008年的全球次貸危機後，在投資者心目中的公信力已經大幅度降低。由於信用評級機構在金融危機中，給大量的有毒資產最安全的信用評級，導致投資者購買了大量最終血本無歸、甚至破產的資產，所以當信用評級機構之後調整美國信用評級的時候，投資者對這次非常嚴苛的評級也不是特別在意。畢竟，「狼來了！」喊得多了，等到狼真的來了的時候，人們已經麻木。

　　然而，更加值得一提的是，在標準普爾公司試圖透過下調美國的信用評價，重塑自己客觀公正的形象時，有越來越多的投資者、主權國家和上市公司，開始質疑信用評級機構公正、公平的獨立地位和對風險估算的專業能力。先是美國財政部指出，標準普爾在估算美國財政狀況時犯了簡單的算術錯誤，以致誇大了美國政府的「財政懸崖」的負面衝擊。接著，就是美國證券交易委員會調查了標準普爾公司，是否在進行評級下調時洩露了某些關鍵訊息，進而引發標普公司的總裁辭職事件。這

一切都引發人們猜測，標普公司是否在利用這次評級下調進行危機公關，試圖挽救在全球金融危機中給大量有毒資產提供優質信用評價所造成的名譽損失。

　　金融市場是信息的市場，也是信心的市場。就像投資銀行家、證券分析師、基金經理人一樣，信用評級機構正是因為為市場提供這兩種非常有價值的服務而獲得豐厚報酬。然而，正是在豐厚的報酬面前，一家又一家金融機構倒了下去。從1980年代的「垃圾債券之王」麥可·米爾肯（Michael Milken）到1990年代的安隆公司，從網際網路泡沫中的證券分析師到創業板的上市推薦人，金融機構的公信力一次又一次地受到市場的質疑。隨著金融創新的不斷深入、全球一體化的進一步加深，擺在金融機構面前的是前所未有的機會和與之而來的挑戰。長久以來培養的信任，可以提供很多技術層面所不能提供的信心和訊號。

　　美國的投資銀行、商業銀行、基金公司，在過去的數十年裡做出了種種惡劣的行為：因為發布不切實際的研究報告而誤導投資者；進行掠奪性房貸，向不具備開辦信用卡或發放房屋貸款的家庭惡意提供信貸，並且強制收取高額費用；利用基金定價中的不透明性犧牲散戶利益，達到向基金和更重要的機構投資者輸送利益的目的。這些行為逐步使它們喪失了在投資者心目中的地位。信用評等機構中的一些百年老店，聲譽一旦遭受質疑，可能需要下一個百年來修復，標準普爾應以此為鑑。然而，標準普爾的經歷，又何嘗不是給那些如雨後

春筍般成立的信用評級機構上了及時的一課呢？歸根結底，信用評級機構自身的信用，才是最有價值的。

政府的公信力：政府隱性擔保

說到政府的公信力，2011年中國的信用評級機構，也遭遇到成立不久以來面臨的最嚴重一系列質疑。某些信用評級機構在全國鐵路系統的負債率高達60％的背景下，仍然給出了鐵路系統最安全的信用評價，輿論一時譁然。這麼高的資產負債率，繼續擴大基礎建設投資的無底洞，高鐵不盡如人意的上座率和收入情況，照理應該會讓投資者擔心和憂慮，為什麼反而讓中國的信用評級機構給出截然相反的評估呢？一時間，很多投資者對中國信用評級機構自身可能面對的利益衝突提出了質疑，更有一些國際觀察家把中國建立自己的信用評級機構的活動政治化，認為中國的信用評級機構更多地充當了中國政府和中國國有企業的宣傳與認證工具。

其實，無論是中國的鐵路系統，還是中國地方政府的融資平台、甚至國有企業，背後的信用都是中國政府的信用。從這個意義上來講，這種評級既有合理性，又凸顯了中國政府和企業信用主體不明確、信用關係不清晰的局限性。

再以中國的房價為例，過去中國的樓市歷經了屢調屢漲、越調越漲的趨勢。隨著2011年中國房市限購令等一系列調控措施的出台，許多城市的房價出現了一定程度的滯漲，甚至小幅度的回調。在一部分居民和投資者

對樓市終於可能出現轉機而長舒一口氣的同時，另一些在前期高位入市的買家，不可避免地開始蒙受一定的損失。於是，要求「維權」、「補差價」的業主和開發商之間形成了拉鋸戰。早期買入房產的消費者或投資者，因為在高價買入、蒙受了損失，而在開發商銷售中心或辦公地點抗議和示威，一時成為新聞關注的焦點。

如果把樓市和股市做一個稍顯牽強的類比，這背後的邏輯有點像2007年的中國A股市場。當年股市上證綜指從1,000點左右一路高歌猛進，直上六、七千點。雖然也有有識之士不時指出，市場存在泡沫和風險，但投資者並未集會請願，要求監管層出手壓制市場，緩解風險。就在短短的一年之後，股指一路狂跌至1,600點，各種關於「護市」、「救市」、「刺激」的言論主張不絕於耳。其中呼聲最高的，恐怕不少是在高位累計重倉的投資者。而救市與否，也就不再是簡單的市場維穩，而是帶上了一點兒保護投資者的色彩。

應該指出的是，這種做法並非中國A股市場所獨有。隨著2009年全球刺激政策和美國一系列的量化寬鬆措施推出之後，全球股市出現一波大規模的牛市。而2011年受美國國債評級下調、歐洲主權債務危機和日本地震影響，投資者的信心嚴重受挫，很多國家的股市出現大規模下跌。一時間，有人重談全球金融危機，歐洲、亞洲的幾個市場，又如2008年一樣禁止賣空，防止股市進一步下跌。

禁止賣空，原則上就是禁止對市場持有負面觀點的

人入場，不允許那些先在高位賣出股票、再以低價買回股票的套利操作。關於賣空交易的合理性問題，本書已有討論。筆者透過研究發現，各國政府和監管層在歷經了1987年美國股災、1992年儲貸危機、1997－1998年東南亞金融危機和2000年網際網路泡沫之後，都有各自禁止賣空的措施。但是，這些措施往往只在短期內遏制了股市大跌，從中長期來看不但未能維穩，反而有時在賣空禁令解除後引發股市暴跌。

禁止賣空，究竟和樓市補差價有什麼關係呢？無論股市、還是樓市，金融市場歸根結底是風險的市場，投資者為了享受某種收益（例如：存款利息、股票分紅、房價上漲和房租收入），必然承擔某些風險（例如：銀行倒閉、股市大跌和樓市調整。）一旦投資者對投資風險估計出現改變，資產價格也會隨之改變。

在經歷了1990年代十年房地產大牛市後，許多中國家庭和投資者，都把房地產視為最安全的投資品。國家政策扶植，地方政府利益驅動，貨幣供應大幅增加，通貨膨脹高企不下，開發商囤積居奇，都成為房市只漲不跌的強有力證據。即便投資上出了點小紕漏，出價過高買房後，都不需要等到市場反彈，而是透過和開發商進行交涉，就有可能避免短期因房價下調帶來的損失。由此看來，房市果然是和銀行存款一樣安全的投資。

但是，銀行的存款利率只有3％～4％，房市漲幅有時每年可達30％～40％，為什麼面對同樣的風險，卻有如此不同的回報呢？關鍵在於預期。如果市場上的投

資者，都因為補差價而越發相信房地產是絕對安全的投資，那麼房地產必將吸引更多投資，而新近的投資勢必進一步推高房價。**投資者越是覺得政府在對房地產提供隱性擔保，就越會進一步把更多資金和資源投入房地產領域，而開發商看到投資者這樣「有恃無恐」的剛需之後，更會一路高歌猛進地在房地產市場追加投資，創造一個又一個「地王」。一時之間，一系列動作強化了房地產投資穩賺不賠、房地產只漲不跌的神話。**

1980 年代的日本、1990 年代的香港，以及千禧年的美英、希臘和西班牙，都經歷了類似的房地產大牛市，也都不幸地慘澹收場。事後，監管者、投資者都反省說，房市沒有賣空機制，負面看法無法表達，以致泡沫往往持續時間過長，導致長時間的下跌和調整。如果只是缺乏賣空機制，就能讓房地產成為最容易被製造泡沫的領域，那麼政府提供的隱性信用擔保，則更可能進一步催生出更大、更長時間的泡沫。套用一句江湖老話：「出來混，遲早是要還的。」個人對於投資風險的誤判，必然會導致宏觀經濟風險的累積。

公平與效率

必須指出，除了刺激經濟增長之外，政府還擔負著發展社會和平衡社會各階層利益的責任。**政府在短期內對於經濟增長的過度關注，或者對社會某些階層的過分偏向，有可能最終導致社會不穩定，即便經濟有所增長，也不能很好地為社會各個階層所分享。**

2012年在許多西方發達國家爆發的「占領華爾街」運動，從一句口號到一場波及全球的運動，速度之快和傳播之廣，都大大超出了許多觀察家的預期。短短一個月的時間，「占領華爾街」運動從紐約市曼哈頓區一個小小的街區，迅速傳播到世界幾十個國家和地區。

從活動開始之初，組織者似乎一直沒能很好地回答一個重要問題，那就是這次活動的矛頭到底指向誰？要達成什麼樣的目標？

雖然活動地點始於華爾街，但筆者認為，「占領華爾街」運動的組織者，也許並非直接攻擊、譴責在華爾街工作的員工。誠如美國一位參議員所說的，美國是一個自由的國家，有能力的人都應該透過自己的能力過上體面的生活。金融行業的薪酬比其他行業高，自然吸引那些有能力進入金融行業的人更努力躋身這個領域。與金融行業類似的醫師、律師等行業，收入也頗為可觀，但並未受到公眾如此關注，究其原因可能有下列五個。

第一，示威者是對美國政府對金融機構的救助不滿。美國政府用納稅人的收入救助金融機構，而「肥貓」們在接受救助後，非但毫髮無傷、風光依舊，更是積極地參與新一輪的投機交易，並且有可能引發新的金融危機。非但如此，美國大量的金融機構以維護自身安全為主要出發點，將聯準會救助金融危機時投放的大量流動性，以現金形式持有，消極創造信用，這不利於美國經濟復甦。因此，一部分示威者反對的是美國政府對金融機構的救助。

第二，示威者反對的是美國政府不能正確、有效地使用財政資源。一方面，聯準會和財政部在一系列刺激與量化寬鬆措施後，信用狀況惡化。作為美國國債的最終持有人，美國公眾當然不希望看到美國政府大規模舉債，並且可能有朝一日真的破產，這會導致自己血本無歸。另一方面，納稅人辛勤工作繳納的稅金，卻被政府用來幫助本已富得流油的金融高管，難怪示威者如此不滿。

　　第三，示威者對美國過去幾十年金錢和政治日益緊密的關係不滿。從政治獻金的不斷增加，到越來越多的富商自掏腰包直接參選，金錢在美國政治裡扮演的角色越來越重要。與此同時，以金融行業為代表的產業資本，越來越多地利用利益集團和政治遊說者，對現有政府與政策施加越來越大的影響，這進一步穩固了資本對政治的影響。普通民眾感覺政府、政策、經濟發展的實惠離自己越來越遠，因此希望透過這次運動來改變美國國家和歷史的走向。

　　第四，示威者對監管層不滿。世界各國的監管層對上一輪的金融危機，都負有一定的責任。監管者對訊息披露的要求不夠高，對高風險金融衍生商品的監管不夠嚴，對金融機構救助的尺度把握不夠一致，對廣大投資者保護不到位，對普通大眾在房地產泡沫破裂和金融危機爆發後的生活品質下降缺乏基本的保護與扶持，都是「占領華爾街」運動背後的驅使因素。

　　第五，雖然示威者號稱要占領的是華爾街，但矛頭真正指向的是美國以及全球日益增強的貪婪商業文化。

不止華爾街上的投資銀行、商業銀行、保險公司、基金公司等金融機構的高管，美國其他各種大型公司高管的薪酬，在過去數十年間也增長了四倍多，而美國同期的實際平均收入只有小幅度上漲。這種「贏家通吃」的收入分配不均，在一定程度上被過去幾十年的經濟擴張掩蓋起來。隨著金融海嘯爆發，美國經濟復甦乏力，公眾長期以來的不滿情緒，終於在這次運動中找到突破口。

綜上所述，示威者中大概包含所有有上述想法和動機的人，所以很難為「占領華爾街」運動提出一個統一的目標。「占領華爾街」運動名為「占領華爾街」，真正要占領的，其實是輿論、民心和國會山莊。大家期待一個好的政治體制、好的政府，希望政府傾聽民眾的意願，相應修正政策。

「占領華爾街」運動，到底反對誰？全球的政府和政治家們，可能都需要反思。

13

大到不能倒

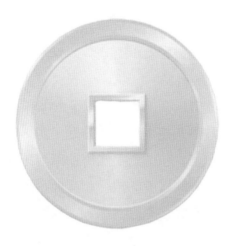

其實，金融機構這種「敢讓我倒閉，我就拖垮整個金融體系」
的大到不能倒的氣概，才是問題所在。
努力維持住經營不善的企業，是對社會資源的巨大浪費。
因此，破產並非洪水猛獸，有時可能成為歷史的催化劑，
套用賈伯斯的一句話來說，就是：「死亡是生命最偉大的發明。」

民間借貸與影子銀行的難題

2011－2012年，中小企業融資難、民間融資混亂和影子銀行盛行的鮮明反差，成為中國金融體系的一項重大挑戰。隨著2011年房地產調控的從嚴執行，不少以溫州企業為代表的民營企業資金鏈斷裂，為了逃避債務，民企負責人遠走他鄉，甚至出國避難。

「溫州金融危機該不該救？怎麼救？」的問題，瞬間在中國社會上引起廣泛的討論。所幸，這次應對以溫州企業為代表的中小企業融資危機比較及時，無論在防範風險擴散、減小危機影響，還是救助受困企業及員工方面，處理得都比較穩妥。

溫州金融危機，令很多人想起了2008年全球金融危機期間，歐美政策制定者面臨的難題。2008年秋，全球金融危機肆虐，是否救助對美國房地產泡沫推波助瀾、大獲其利、事後瀕臨破產的銀行和其他金融機構，美國政府和國會同樣進行了廣泛且深入的討論。

一方面，這些銀行和金融機構一手製造的美國房地產泡沫，給廣大美國居民、消費者帶來巨大衝擊，嚴重扭曲了美國與全球市場的價格信號，擾亂了全球金融體系。與此同時，許多金融機構高管在此期間變得富可敵國，政府似乎不需要、更不應該救助這些「金融罪犯」。

另一方面，政策制定者真正擔心的是：銀行之間的依賴關係和社會上其他企業對於銀行信貸的依賴；如果一旦放任某家銀行破產，那麼和這家銀行發生業務往來

的其他銀行，將會不可避免地受到嚴重衝擊，也可能面臨破產風險。如果銀行破產，可能引發的銀行擠兌會壓垮其他原本比較健康的銀行。一旦銀行停止放貸，眾多企業就不可避免地會受到衝擊和影響。

經過痛苦的討論後，美國政府決定高調出手救助銀行。直接的好處是：在短期內遏制股市和債券市場的急劇下滑，並可能挽救全球的金融體系，不至於讓它瞬間崩潰。但是一、兩年後，監管者發現，當初獲得救助的銀行在給自己的高管和員工發放了高額獎金後，其他行事方式和金融危機前並無兩樣，反而是在被救助後，越發有恃無恐，進行更多的「魔鬼交易」。全球金融市場又隨之坐上了雲霄飛車，金融體系又一次被推到了危機邊緣。

這一切，好像在三年後的中國溫州，又以相似的方式重新上演。只不過，這次的主角由華爾街的高管，變成了溫州的民營企業老闆。和華爾街進行高槓桿金融衍生商品交易不同，溫州商人進行的是更直觀的投資——加工製造業。然而，隨著海外出口需求逐漸減弱，出口越來越難，許多溫州商人選擇向金融市場進發。房地產、私募股權投資、小額貸款公司領域，都出沒著精明、團結的溫州商人身影。溫州商人也很無奈表示：「投資實業的回報這麼低，銀行存款的利率這麼低，我們也是被逼無奈才選擇高收益的投資機會。」這和華爾街高管在接受美國國會調查時，所給出的「我們也是為了獲得更高的投資收益，提升股東價值」的辯解，何其相似。

13
大到不能倒

不但如此，溫州商人更積極推動金融創新，在各企業之間形成「聯保」體系。一旦企業形成信用聯盟，一家企業需要獲得貸款（其中不排除有高利貸），其他企業就會願意為其提供信用擔保。如果一家企業因為各式各樣的原因不能及時還貸，「聯保」體系的其他企業會提供幫助，甚至承擔償還一部分債務的責任。

　　至此，溫州商人在其民營企業的基礎上，構建起一個以民營企業為基礎和依託，投資於各個金融市場的巨大金融王國。這一金融王國的主營業務，就是以實體企業為抵押或資產，透過激進地獲取銀行貸款和其他形式的融資（包括高利貸），進行風險更高、收益也更高的投資項目。中國國內一輪輪的樓市熱、股市熱、PE（私募股權投資）熱、藝術品熱、礦產熱、林權熱，據說背後都有由實業資本轉型而來的金融資本的推手。這一循環，令人不免回想起美國房地產危機中的資產抵押證券（Asset-Backed Security, ABS），透過提高信用評級，獲得更廉價的融資，進入更激進和更高槓桿化投資的輪迴。

　　天下熙熙，皆為利來。資本逐利，本無可厚非，但企業一旦陷入困境，雇員、債主、銀行、地方政府，都突然發現自己處於風險的風口浪尖。這一由實業企業轉型而來的金融帝國，也在發展過程中構建了另一項極具價值的資產——網絡信用。

　　各國銀行體系之所以在金融海嘯即將滅頂的時候，還敢理直氣壯地和監管者討價還價，靠的就是它們的網絡信用的價值。金融機構這種「敢讓我倒閉，我就拖垮

整個金融體系」的大到不能倒的氣概，才是問題所在。

與此同時，在危機初現端倪時，溫州商人的聯保體系已經顯現巨大的能量。一家企業倒閉，已經不是這家企業自己的事，而是迅速波及幾家企業，成為整個行業、農民工、銀行和政府的事。這不正是遵循了好萊塢大片《華爾街：金錢萬歲》（*Wall Street: Money Never Sleeps*）的劇情嗎？

在全球金融危機平息後的兩、三年，很多觀察家仍然不認可美國政府在危機中所做的三個決定。其一，政府利用納稅人提供的資金，救助全美最不需要救助的銀行家。最終結果是：美國用國家信用為金融機構的企業信用買單，導致美國國債評級遭到歷史性下調。其二，在救助過程中，厚此薄彼，缺乏原則。先是救助了貝爾斯登，然後放棄救助規模更大、影響也更大的雷曼兄弟；不到一個月，又改變方向救助了規模更大的美國國際集團（American International Group, AIG）和大型商業銀行。在整個過程中，政府行為的隨意性暴露無遺。其三，美國政府為一己私利，進行大規模量化寬鬆，不但給國際金融市場帶來衝擊，也嚴重扭曲了美國國內的經濟體系和價格信號，導致全球經濟遲遲難以恢復。在西方政策制定者對其在金融危機過程中的決定進行反思的同時，我們或許可以從中吸取下列三點教訓。

第一，經濟運行有其週期和自然規律。最近一次的全球金融危機，固然是由全球經濟金融體系長期不平衡的矛盾導致的，但更直接的原因是：在應對1990年代一

系列迷你危機的過程中，以聯準會為首的發達國家央行投放了過量的流動性，將整個全球經濟金融體系推至史無前例的高度投機階段。而危機的爆發，無非是泡沫堆積到一定程度、眾多無法實現的「龐氏騙局」的集中破裂而已。在危機中，美國政府一系列針對短期問題的應急政策，事後大多被認為是使美國經濟過去幾十年不斷惡化的推手，也最終導致了「占領華爾街」運動的上演。

以為利用短期政策，就可以解決長期經濟問題的任何想法，都應被戴上「過度自信」的帽子，並且很可能被「現實」的迴力鏢擊傷。聯準會和中國的財政部都經歷過這一過程。溫州問題，其實代表了很多其他地區的問題，代表了中國以出口為主導的經濟發展模式在經濟迅速發展後面臨的問題，以及很多其他外向型新興經濟的社會和經濟問題。因此，在問題還沒嚴重危及整個經濟的時候，應更多從轉換經濟發展模式入手，而非只是「頭痛醫頭，腳痛醫腳」。

第二，微觀的救助可能導致宏觀問題的持續和加重。在金融危機之後的第一輪刺激政策失效之後，歐洲很多金融機構陷入新一輪困境，歐洲政府不得不又一次面對金融機構救或不救、怎麼救、用什麼救的難題。所不同的是，這次歐洲政府可運用的彈藥，比金融危機時要有限得多，而面對的政治和經濟壓力比上次也要大得多。不但是金融機構，希臘、西班牙、義大利等國的政府發現，這次它們已經不再是以救助者的身分出現在談判桌上，而是成為銀行的間接受害者，一起出現在了被

救助的一方。

在危機的救助中，金融機構的債務和高槓桿化，迅速轉嫁給了主權政府，這是歐洲主權債務危機的根源。而中國國內出現的一系列事件，例如：城投債*事件、企業債信用降級事件與溫州事件，背後都牽涉民間資本、地方政府、中央政府之間的信用更迭。在當今高度金融化的時代，信用就是資金、資助。以中國振奮人心的經濟增速，中央政府的背書一直都是最有效的信用提升工具和最有力的資本之一。正因為如此，政府才更應該珍惜自己來之不易的信用，謹慎從事，避免在短期內注入大量資金和信用，以防有朝一日危及自己的聲譽。

第三，對過程的監管和保護，應重於對結果的監管和保護。聯準會和證券交易委員會在2008年金融危機中，喪失了在過去一個世紀裡積累的公信力，一個很重要的原因就是：它們非但沒有在金融危機長期醞釀的過程中，對信息披露、金融機構風險管理等資本市場的重要方面進行必要的監管，反而在救助誰、怎麼救的問題上，表現出極大的隨意性和不一致性，加重了危機爆發的後果，拖累了全球經濟的恢復。

解決溫州危機，也面臨類似的難題。救哪個地區、哪個行業、哪個企業，是要救企業主還是一般員工？魔鬼棲身於細節裡。政府對某個具體地區和企業的直接援

＊ 地方政府成立城市投資建設公司（「城投」），做為基礎建設與公益項目的融資平台而發債產生的有息債務。

助，有可能會擠壓其他地區和企業的資源，造成對整個經濟更嚴重的扭曲和打擊。

瑞士政府曾在危機過程中，對受到巨大衝擊的瑞士銀行提供了大量的救助，並迫使其進行深層次的檢討和改革。不料，在這一系列改革措施尚未完全實施之際，瑞士銀行又一次爆出了「魔鬼交易員」在原本低風險的業務裡違規操作，交易爆倉導致數十億美元的損失。由此可見，保護的結果永遠只能保護一時，有時甚至連一時都保護不了。

面對2008年的金融危機，美國政府出手了，歐洲政府出手了，金融機構獲救了。金融高管重獲高薪，金融危機得到緩解。但是，之後不久，危機突然重現。民眾的憤怒之情不可遏制，發起「占領華爾街」運動。溫州危機要從中吸取教訓，雖然要不要救、怎麼救、拿什麼救，都是值得認真討論的重要且迫切的問題。但背後更重要的是：**要如何制定政策，防止下一個類似的危機，在國家的另一個角落醞釀爆發？**

破產是個好東西

在解決2011－2012年溫州民間融資難和民間借貸風波的時候，中國各地政府都面臨了一個同樣的問題與挑戰：如何對待受到借貸風波波及的企業？因為不能承擔擔保所帶來的巨大壓力，或者因為資金鏈斷裂，很多實業企業不能繼續維持生產，不得不面臨破產倒閉的結果。對於這類企業，從中央政府到地方政府在給予高度

關注的同時，迅速推出了一系列扶持救助措施。究其目的，主要在於避免欠債企業的破產。這種保護本地企業、保護本地經濟的初衷當然沒錯，但是從整體經濟和資源配置的角度，保護與救助經營不善或管理風險不善的企業，助其擺脫破產的困境，一定程度上和在2008年金融危機之中各國政府救助那些「大到不能倒」的金融機構一樣，犯了同樣的扭曲資源價格和提高風險成本的錯誤。

破產，在中國一直是個禁忌話題。中國在1986年頒布的《企業破產法》，在其歷史生涯中處理過的案件數量，可能還不及歐洲某中等國家破產法庭一年所處理的案件數量。破產是失敗的、不光彩的，應該盡可能避免，國內的大部分官員、學者、商人都廣泛接受這個觀點。

誠然，對於遭遇破產的企業和企業家來說，破產必然是一段痛苦的經歷。但是，作為市場經濟的一項重要創新，在西方經濟過去兩個多世紀的發展中，破產這一概念和操作發揮了重要作用。

歸根結底，破產是一種保護，是一種對企業和創業的保護。早先沒有破產的時候，欠債的人或者被投入監獄，直到償清債務才能出獄；或者只能逃債到他鄉，像今天的「某跑跑」們一樣。設想一家企業因為還不了貸款，管理層就得銀鐺入獄，企業怎麼能夠穩定發展，誰又還有心思創業呢？正是因為有了《企業破產法》，尤其是有了對債務人越來越友好的破產文化，越來越多的人才會決定加入創業大軍。

破產是對資源的重新配置，雖然企業因為各式各樣的原因經營不下去了，但本身還是聚集了很多對社會有價值的資源。廠房和設備可以拍賣給同行其他企業，有技能的員工可以另謀高就，公司的商標和商譽仍能吸引忠實客戶。在清償債務後，股東和債權人的資金，可以投入其他更有潛力的項目，創業者或專業經理人也可以放下包袱，從頭開始。企業破產固然不光彩，難道苟延殘喘，終日虧損地維持下去就更好嗎？破產企業的員工下崗分流的確痛苦，但是在半死不活的企業苟且一生，也未必能體現他們的價值。

所以，**努力維持住經營不善的企業，是對社會資源的浪費。而破產，充其量是對資產和負債，在股權人、債權人、債務人及其他利益相關方之間的一次重新分配。**當然，在釐清這些大的財務利益相關方的關係時，應該關注幾項原則。第一，無論清盤還是重組，都要嚴格依照法律程序和原則。只有在合法權益得到充分保護的前提下，各利益相關方才有可能在《企業破產法》規定的框架裡合理協商和討價還價，才能保證企業最有價值的資產吸引出價最高的買主，為現有債權人和股東謀得最大權益。同時，在破產過程中，要保證各利益相關方受到法律同樣的保護，要避免公司高管或大股東透過對公司的實際控制，利用資訊不對稱來假破產、真逃債，讓其他利益相關方為自己的貪婪或經營失誤買單。

第二，在破產過程中，要保障弱勢群體和國家的利益。在西方的破產法律裡，債務人在清償其他債務之

前，必須保證支付員工合理金額的遣散和安置費用，同時保證其他有業務往來的企業，尤其是小企業的應收帳款。並且，企業在清償債權人和成功完成重組之前，也必須補交所欠的各種應繳稅費。只有這樣，才能防止企業為逃避債務和社會責任而申請破產。

第三，行政機關應盡力保障法律的嚴格實施，但應該避免直接干預破產談判過程和結果。破產過程的關鍵，就是讓市場決定哪些企業可以存活，哪些資產還有再利用的價值。如果出於維護自身利益或保障當地就業等短期利益考慮，政府機關強制主導破產結果，有可能進一步惡化資源配置，結果可能使經歷了一次破產的企業，很快又會陷入困境，需要經歷又一次破產才能重組或解困。此前歐美各國對某些金融機構的救助，一定程度上就反映了政府職能在救助受困企業時的局限性。

破產是重要的價格信號。只有允許破產，資本市場才有可能區分高風險和低風險的企業，對高風險和低風險的企業給予不同的信用評價、貸款標準和利息水平，企業才會更關注自己在經營決策中的風險，公司股東和債權人才有動力對公司進行有效的監督和治理。也只有破產，才能淘汰那些不再適應經濟發展的企業和商業模式，才有可能為新一輪經濟增長和商業模式的發展提供必需的資源。

所以，在中國經歷了多年「不公正」的待遇之後，破產這一概念應該得到政界、商界和學界更多的關注和思考。破產之於企業，有點像死亡之於人生，不同之處

在於：破產企業仍能不時上演鳳凰涅槃，浴火重生。比如，蘋果公司就在短短十多年的時間裡，從瀕臨破產發展成全球市值最高的企業之一。由此可見，破產並非洪水猛獸，有時可能成為改變歷史的催化劑，套用賈伯斯的一句話來說，就是：「死亡是生命最偉大的發明。」

資管新規

2018年4月27日，中國人民銀行會同中國銀行保險監督管理委員會、中國證券監督管理委員會及國家外匯管理局，聯合印發了《關於規範金融機構資產管理業務的指導意見》，標誌著中國資產管理行業向統一監管的方向又邁出了重要一步。

十九大報告指出，健全金融監管體系，守住不發生系統性金融風險的底線。中國金融業的風險重點在於影子銀行和地方債務，雖然地方債務經過展期有所緩解，但影子銀行問題始終沒有緩解，透過資管渠道，資金流向高風險領域，給金融系統性風險埋下重大的風險隱患。因此，《關於規範金融機構資產管理業務的指導意見》將針對金融領域的問題和隱患，堅持問題導向，提高監管有效性。根據中國金融行業發展現狀和混業經營的現實，對各種不同性質的資管產品制定統一的監管標準，實行公平的市場准入和監管，目的在於消除監管套利空間，防止商品過於複雜，防止風險的跨行業、跨市場、跨區域傳遞等系統性金融風險的誘因，同時切實為資管業務的健康發展創造良好的制度環境。

近年來，中國金融機構資管業務快速發展，規模不斷攀升。在2017年末，不考慮交叉持有因素，總規模已達百兆人民幣。其中，銀行表外理財商品資金餘額為22.2兆人民幣，信託公司受託管理的資金信託餘額為21.9兆人民幣，公募基金、私募基金、證券公司資管計劃、基金及其子公司資管計劃、保險資管計劃餘額分別為11.6兆人民幣、11.1兆人民幣、16.8兆人民幣、13.9兆人民幣、2.5兆人民幣。同時，互聯網企業、各類投資顧問公司等非金融機構開展資管業務也十分活躍。

隨著資產管理行業在過去幾年高速發展，中國資管行業也暴露出不少問題亟待解決。具體而言，在資產管理行業中凸顯出多層嵌套、槓桿不清、套利嚴重、投機頻繁等問題，對資產管理行業的長期健康、可持續發展，以及確實有效實施以保證不發生系統性金融風險為底線的有效監管，都提出了明顯的挑戰。

為了應對這一行業發展和監管之間的不匹配，《關於規範金融機構資產管理業務的指導意見》對資管業務進行統一監管改革，有助於幫助監管層更加及時、準確地掌握大資管行業這一中國金融體系日益重要的組成部分，以保證及早發現處置風險、維護增強市場的穩定性。同時，新規將有利於逐步杜絕監管套利，減少市場中的不規範行為，並且幫助市場更加有效地發揮信息發現作用。而且，統一的監管也有助於形成公平的競爭環境，為資產行業向更加專業化且技術化方向發展，指明了正確的方向並奠定了堅實的基礎。

具體而言，資產新規的新意主要體現在打破剛性兌付、規範資金池業務、控制產品槓桿三個方面。

打破剛性兌付

　　剛性兌付，即投資者不直接對自己的投資損失負責任，而是期待第三方對自己的投資損失概括承受，這是長期困擾中國資產管理行業和整個金融體系的痼疾。正如筆者在《剛性泡沫》一書中所闡述的，剛性兌付不但扭曲了金融市場中收益與風險之間的平衡，更容易引發投資者、企業和金融機構因為無須自己承擔風險，而加大槓桿和激進投機的行為，直至可能因為這樣「大到不能倒」的心理，誘發類似2008年全球金融危機那樣的系統性金融風險。

　　這次監管新規，不但對於剛性兌付行為給予了更明確的定義和更加嚴格的監管，也對違規行為規定了更加嚴格和嚴厲的處罰措施。按照新規，資管機構不能以任何方式對外承諾收益率，資管機構的所有投資損益都應該體現在公允估價形成的產品淨值中，由資管產品的購買者承擔。資管機構只按照其管理資金的規模，收取固定費率的管理費，不能承諾或於事實上承擔投資失誤帶來的損失。

規範資金池業務

　　新規規定，金融機構應當做到每項資產管理產品的資金單獨管理、單獨建帳、單獨核算，不得開展或參與

具有滾動發行、集合運作、分離定價特徵的資金池業務。為降低期限錯配風險，金融機構應當強化資產管理產品久期管理，封閉式資產管理產品最短期限不得低於90天。金融機構應當根據資產管理產品的期限，設定不同的管理費率；產品期限越長，年化管理費率應越低。

這些規定針對的是目前在中國資產管理行業普遍存在的在資金組織方面的信息披露和監管的缺失。一旦金融機構將各種不同商品的資金匯集進入資金池，就將直接導致監管機構和投資者無法準確且及時瞭解單項資產管理產品的收益與暴險程度，這既不利於從微觀層面保護投資者，更不利於從宏觀審慎的角度，掌握風險變化和預防系統性金融風險。對於資金池業務的規範，從監管層面有效杜絕了潛在監管套利和過度暴險。

控制產品槓桿

2015年，中國A股市場的異常波動，凸顯了國內資產管理行業對於槓桿的披露監管要求：一方面，高槓桿有助於在市場上漲階段增加投資者的投資收益；另一方面，一旦市場出現下跌，高槓桿將不但強迫投資者賣出資產，而且有可能誘發流動性枯竭，以致進一步的市場下跌。

為了防止類似的市場異常波動再次發生，資管新規要求資產管理產品應當設定負債比例（總資產／淨資產）上限，同類產品適用統一的負債比例上限。每項開放式公募產品的總資產，不得超過該產品淨資產的140％；

每項封閉式公募產品、每項私募產品的總資產，不得超過該產品淨資產的200％。計算單項產品的總資產時，應當按照穿透原則合併計算所投資資產管理產品的總資產。分級私募產品的總資產，不得超過該產品淨資產的140％。分級私募產品應當根據所投資資產的風險程度，設定分級比例（優先級份額／劣後級份額，中間級份額計入優先級份額。）

與此同時，新規規定金融機構不得為其他金融機構的資產管理產品提供規避投資範圍、槓桿約束等監管要求的通道服務。資產管理產品可以投資一層資產管理產品，但所投資的資產管理產品不得再投資其他資產管理產品（公募證券投資基金除外），從而進一步限制了多層嵌套、重複嵌套等進一步加劇槓桿問題的可能。

需要特別指出的是，新規對於資產管理行業提出的統一監管的思路，對於克服目前困擾中國資產行業的監管套利問題和不公平競爭的現象，發揮了重要的推動作用。

由於從事資產管理行業的業態，在新規下必須接受同樣的監管，一直以來困擾資產管理行業的不同監管主體、不同監管思路、不同准入標準、不同執行力度等問題，應該會在新規下逐漸得到解決。

同時，新規中體現的公平准入或者公平待遇的思路，為中國市場的長期穩定公平發展打下了堅實基礎。從全行業的角度來說，統一監管標準不但增加了透明度，而且降低了管理成本，一定程度上有助於降低投資者的投資費用並增加其投資淨收益，真正達到金融更好

地服務實體經濟的目的。

此外，新規對於資產管理產品投資集中度的管理規定，既有利於統一公募基金、券商資管計劃、銀行理財商品投資中的風險，而且有利於排查和控制資產管理行業對於金融系統穩定和宏觀審慎監管框架可能產生的衝擊與風險。

當然，值得指出的是，新規的初衷和長期遠景雖然美好，但是從現有市場情況到達長期穩定狀態的路徑卻充滿挑戰。

其一，許多資管產品目前的客戶（尤其是銀行理財商品客戶）之所以願意購買資管產品，恰恰是看中了這些產品保本保收益帶來的安全性，讓客戶接受淨值化管理的方式會有一定難度。一旦資產管理產品真的實行淨值化管理，讓客戶對自己的投資損失負責，那麼客戶對資管產品的興趣很可能明顯下降，這會從源頭上給資管行業的發展帶來阻力。

其二，由於很多資產管理產品的終極投資標的，集中在國內少數幾個資產類別和市場裡，市場中存在明顯而且普遍的傳染效應和同質化的流動性需求。一旦資產管理行業必須在給定的時間內完成過渡，勢必引發大量資產管理產品投資者要求贖回，並且資產管理產品集中在特定時期退出某些特定市場，因此給所在市場帶來短期流動性缺乏和資產價格的下跌。有些專業人士甚至認為，2017年最後一個季度中國債市和股市的下跌，一定程度上已經反映資產新規對於股票、債券這類流動性

尚好的資產價格的影響。一旦下跌預期和流動性需求形成，市場上甚至可能形成和基本面無關、完全由於資產管理產品贖回和調倉所引發的市場過度波動，乃至暴跌。

其三，由於大量銀行理財投資於非標的資產，並對實體企業的融資需求給予大量的支持，隨著監管新規的推出，資產管理產品融資的吸引力有可能明顯減弱，直接導致其為實體經濟輸血的功能減弱。對於實體企業，特別是有再融資需求的實體企業，可能會引發新一輪融資難、融資貴的挑戰。

因此，如何平衡新規的長期目標，防範新規在過渡過程中可能引發的短期市場波動，並且幫助各界逐步適應新規帶來的影響，應該成為下一階段新規推動過程中的重點。特別值得指出的是，在推動新規的過程中，要樹立堅決杜絕增量、逐步化解存量的思路，既要保證剛性兌付、連環嵌套等問題不再進一步惡化，更要保證市場平穩有序出清，堅決防止在化解風險的過程中引發、甚至創造新的風險。

14

金融創新

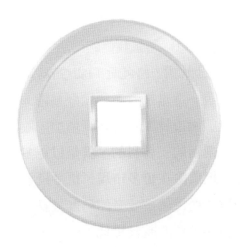

無論金融市場如何發展、金融科技如何進步，
風險都只是被重新分配，而非被消除。
金融創新有可能引發不可預測的
「黑天鵝」事件和相應的風險。

有人說，20世紀是技術創新的世紀，21世紀是金融創新的世紀。很多人覺得有了金融創新，或者有了由數學工程知識支撐的新型風險管理工具之後，這個世界、這個時代就會變得越來越安全，投資也會越來越容易。其實，我們回想一下，過去數十年發生的諸多事件，與我們期待的恰恰相反。所謂的「黑天鵝」事件，發生的頻率越來越高。美國儲貸銀行危機、東南亞金融危機、網際網路泡沫危機、美國房地產危機和歐洲主權債務危機，包括日本財政危機，這些在過去數十年裡發生的事件都愈演愈烈，嚴重影響了我們的生活。

　　全球債券大王比爾·格羅斯（Bill Gross）在2007－2008年金融危機後說，這是投資者要做好準備的新常態；也就是說，今後整個投資風險會逐漸增加，收益卻可能越來越低。**金融創新的主要目的，就是以更多的方式、更巧妙的手段，把風險在更多市場、更多投資人和更長時間裡進行分散。**從每個投資者的角度來講，承擔的風險可能比沒有金融創新的時候更低；因此，作為對承擔風險的補償收益可能也會降低。但是，正像物理學中所說的「物質不滅定律」一樣，金融中可能也會有類似的「風險不滅」的規律。**無論金融創新如何發展、金融科技如何進步，都只是對風險的重新分配，而非消除。更不用說，由於風險管理技術和金融創新的發展，反而有可能增加不可預測的「黑天鵝」事件和相應的其他風險。**

　　人們對於金融創新的理解，還有待進一步加深。金融創新工具再怎麼複雜、數學原理再怎麼完善，仍只是

一項工具。如同工業技術一樣，比如原子能科技可以造原子能發電站造福人民，也可以造原子彈來作為世界大戰的武器，金融創新也是一樣。一方面，金融創新和金融工具，提供了一個更好的框架和工具，解決家庭和企業所面臨的經濟問題；另一方面，由於它只是一種工具，很多重要參數最終仍必須由人來決定和執行，因此風險管理是否有效，最後還是落在了可能有行為偏誤的決策人手裡。

舉例來說，信用卡的出現為消費者提供了更多融資的可能性，提升了居民家庭的消費能力，也間接促進了經濟增長。然而，有些家庭卻因為對信用卡的利率條款不瞭解，在高額消費和大舉借貸後，不能夠承擔自己的債務，進而導致家庭財政狀況崩潰，不得不申請破產保護。有些銀行和商業機構，利用對家庭消費方式的瞭解，專門針對那些還款能力較差的居民進行放貸，在其家庭不能還款的情況下，收取高昂的融資費用和違約罰款費用。銀行這種惡意的「掠奪性放貸」的做法，使得一些家庭對信用卡這種重要的金融創新產品敬而遠之，不敢用來消費。

另外，網際網路促成了網上股票交易，但是投資者在更加便捷和迅速的網上交易環境下，反而更可能做出不審慎和不理智的交易行為。這也印證了金融創新固然重要，但在很大程度上，金融創新對社會的影響，還是取決於人們如何運用和駕馭。

金融創新和金融工具的出現，往往是為了幫助企業

和金融機構控制或分散某些有礙企業管理的風險。對於金融機構、發達國家的房地產市場、持有大量房地產資產的保險公司來說，CDS這種複雜衍生商品的出現，一方面幫助這些金融機構把資產持有的風險分散，即透過資產證券化的方式分散給其他投資者；另一方面，正因為有了這種工具，很多金融機構覺得自己掌控風險的能力更強了。這和散戶的控制幻覺，其實是類似的。在不切實際的控制幻覺影響下，更有自信心的投資者或金融機構，有可能承擔本不應承擔的更大風險，而這種更大的風險，可能導致整個投資、甚至企業命運發生逆轉。

筆者覺得，金融創新越是如雨後春筍般湧現，我們越應當學習正確看待。我們可以回顧一下美國長期資本管理公司（LTCM）的案例。該公司是由兩位諾貝爾經濟學獎得主，聯合數位頂級債券交易員和很多在工程學、金融學、數學方面頗有造詣的教授、博士所創辦的一家對沖基金公司。這家基金公司在最初五年裡，績效表現非常好，給投資者帶來了豐厚的收益。根據它的風險管理模型，基金管理者認為，他們所管理的基金出現大規模損失的概率低於兩千萬分之一。正是在高超的學術素養、實戰經驗和看似堅不可摧的風險管理模型的激勵下，這家公司開始敢於冒更多的風險，採取了非常高的槓桿交易，進入越來越多原本不熟悉或沒有優勢的市場，同時進一步提升整個投資組合的暴險。

1998年秋，俄羅斯和東南亞的金融危機爆發，導致整個市場的流動性缺失，大量資金逃離長期有價值的投

資標的，選擇追求短期而安全的商品，例如：大量購入美國國債。這種突如其來的市場環境的變化，完全打亂了LTCM的操作，顛覆了其風險管理模型裡一些最基本的假設，導致公司出現大規模虧損。在短短一個多月的時間裡，該公司損失了其管理的95％以上的資產。由於該基金的交易涉及很多對手方，基金交易的損失差不多拖垮了全球金融體系。在LTCM的問題暴露後，聯準會必須協調所有大型投資銀行一起來拯救這支基金，以防止這支由天才創建的基金對全球經濟金融體系產生毀滅性的打擊。

2007－2008年的金融危機也有些類似。危機爆發之前，很多金融機構都開發了非常複雜的風險管理模型，以準確控制和預測房地產債券違約的可能性。但是，正因為模型如此複雜、得到的結果又讓人如此放心，導致幾乎所有的金融機構都忽略或故意「忘記」房地產債券違約的各種可能性。當房價下跌時，當一些房地產債券出現很高的違約可能性時，其他房地產債券也可能跟著出現違約。這個看起來非常簡單的道理，由於在數學上沒有很好的解決方法，所以被金融機構和風險管理部門輕易忽略了。從某種意義上來講，這和當年LTCM的問題如出一轍，都做了一項極其簡單的假設，認為各種資產之間的違約可能性是獨立的，而所有商業銀行、投資銀行、保險公司的風險管理模型，都沒有估計到美國房價下跌對金融市場產生的潛在系統性衝擊和危害。

由於這種假設，沒有一家金融機構的風險管理模

型，能夠準確預測這場金融海嘯的嚴重性。在整個房地產危機的過程中，美國的雷曼兄弟和貝爾斯登這兩家大型投資銀行基本上都垮台了。同時，危機也打垮了美國最大的保險公司——AIG，以及美國最大的兩家住房抵押貸款融資機構——房利美和房地美。從這個角度來講，**金融工具的技術越發展，越會給投資者帶來虛假的自信；在強烈自信的驅使下，投資者可能承擔更大的風險，同時也可能改變自己和所在機構的命運，並且導致非常可怕的結果。**

餘額寶與金融危機

餘額寶與金融危機有什麼關係？看似沒有關係。但是，餘額寶和兩種金融創新有著非常緊密的關係，而這兩種金融創新和2007－2008年全球經濟危機有著非常緊密的關係。

首先是貨幣市場基金。餘額寶對接的天弘增利寶貨幣基金，就是一支開放式的貨幣市場基金。在海外，貨幣市場基金往往透過投資在安全、流動性好的短期債券上，獲得比銀行存款更高的利率，因此成為全球千萬家庭理財不可或缺的好幫手。

有趣的是，雖然幾乎所有投資者都認為，貨幣市場基金和存款一樣安全，但是貨幣市場基金就是貨幣市場基金，在中國接受的是《證券投資基金法》的監管，而非銀行法定監管。基金管理者不需要向監管部門提交準備金，投資者的資金也不受存款保險制度保護。大家認

為的安全投資，並非一定那麼安全，或者至少沒有存款那麼安全。

買過基金的投資者都知道，在基金不進行分配調整時，基金淨值跌破之後，投資者就會蒙受損失。從貨幣市場基金自1971年問世之後，有沒有貨幣市場基金給投資者帶來損失呢？

答案是肯定的。1994年美國一檔小型貨幣市場基金，因為投資不當，導致淨值跌至每股96美分，因為當時基金的投資者全是機構投資者，沒有個人投資者在過程中遭受損失，整起事件也就沒有吸引太多關注。

但在貨幣市場基金誕生37年之後的2008年，伴隨著雷曼兄弟在全球金融海嘯中的破產，不止一檔貨幣市場基金宣布，由於持有由雷曼兄弟發行的債券或債務，隨著雷曼兄弟的破產不能支付，基金淨值跌破一美元，甚至因為不能支付基金投資者的贖回請求而不得不清算。

恰恰由於眾多機構和個人投資者，都把貨幣市場基金當作和存款一樣安全的投資，這些貨幣市場基金的損失，導致了市場恐慌和投資者的急劇贖回要求，以致美國財政部不得不出面為貨幣市場基金概括承受，擔保貨幣市場基金的本金安全。美國金融體系這才躲過一次差點由貨幣市場基金損失帶來的危機。

由此可見，貨幣市場基金雖然大體上安全，但並非刀槍不入，它和銀行存款的安全性還不能同日而語。因此，監管者既不應該向其徵收準備金，投資者也不應該盲目地認為貨幣市場基金和存款同樣安全。餘額寶產品

的收益，之所以高於銀行存款利率，一定程度上就是因為投資者承擔了這種客觀存在、但被大多數投資者主觀忽略或否定的風險。至於等到真的出現流動性危機時，是由基金管理公司、網路公司，還是監管部門來為餘額寶和其類似的「寶寶」概括承受，就又是另一個重要、但很多投資者從未考慮的大問題了。

和貨幣市場基金受到金融危機衝擊而面臨倒閉不同，另一類金融商品，即所謂的「結構性投資工具」（Structured Investment Vehicle, SIV），對 2007－2008 年全球金融危機負有不可推卸的責任。

SIV 是花旗銀行在 1988 年發起的一種投資業務，主要透過銷售商業票據（Commercial Paper, CP）等短期債券，購買次貸債券等長期債券，是一種透過短期債券和長期債券之間的利差來獲利的金融工具。所謂「結構化」，就是透過一定的金融工程，以及投資工具和管道的結構提升，以實現給投資者帶來更高收益的目的。相比普通定期存款而言，結構性投資產品往往被認為是具有低風險，而且能夠帶來相對較高收益的「創新型」商品。

SIV 大多是國際知名的大銀行在考慮風險管理的前提下，在公司的資產負債表以外，另外成立公司再進行管理的基金。為了能夠獲得低廉的融資成本，銀行往往利用本身良好的信用為 SIV 提供背書，讓這些公司得以在銀行間拆借市場的低利率（一般多是以 LIBOR 利率——倫敦銀行間同業拆借利率），在市場上發行「商業票據」以獲取低利率的資金。在完成融資後，SIV 會再把這些

資金投入比較安全的中長期債務，以謀得較高的投資利率。透過這樣的資金騰挪，SIV 自信可以在保證資金安全的前提下，賺取長短期的利差，也就是達到長短期限上的收益套利。

然而，「天下沒有白吃的午餐」；收益和風險，本來就是金融體系裡的一對孿生兄弟，很難只獲得前者，而不承擔後者。SIV 也不例外。

由於 SIV 是借短期去投資長期，借款部分的資金需求，會比投資部分的投資收益先到期，因此一開始這種商品就不可避免地具有「流動性的風險」——一般的商業票據多是十天到一個月就到期了，而中長期債券的到期日則是一年到十年以上都有。也就是說，如果一家 SIV 管理公司利用發行一個月的 CP 籌資買入一年到期的債券，那麼這家公司需要至少 12 次順利進行 CP 融資，才能保證現金流不斷裂。

當市場穩定、資金充足的時候，一切都不是問題。在聯準會於 2000 年以後為了挽救美國的網際網路泡沫破裂給經濟帶來的衝擊而釋放大量的流動性之後，SIV 也取得了高速發展。在鼎盛時期，全球大約有 30 家 SIV 機構，持有的資產超過 4,000 億美元，很多商業銀行和金融機構也因此賺得盆滿缽滿。

但是，隨著 2007 年美國房地產市場見頂，房地產次級債務市場出現鬆動，許多 SIV 在銷售新的商業票據以代替即將到期的舊商業票據時，遇到了很大的麻煩。例如，花旗銀行在 2007－2008 年，有超過 1,000 億美元的資

金被套牢在 SIV 中。與此同時，由於很多金融機構所看好和篤信的「安全」的美國房地產次級債出現大幅下跌和違約，SIV 的投資標的也不再安全，非但沒有給 SIV 帶來比融資成本更高的投資收益，甚至很多出現了大規模的虧損。等到金融危機達到頂峰時，全球信用市場的枯竭，更是成為壓垮 SIV 的最後一根稻草。所有 SIV 都因為現金流斷裂而宣告失敗；到了 2008 年 10 月，所有 SIV 都不進行積極投資了。

2007－2008 年全球金融危機暴露出 SIV 投資工具的三種風險，一是剛才提到的流動性風險。隨著流動性緊縮，SIV 習以為常的融資渠道突然崩塌，導致 SIV 的整個商業模式轟然失效。同時，流動性緊縮所帶來的高風險，使低流動性資產（比如房地產次級債）的價格大幅下跌，也導致 SIV 投資的標的遠不如管理公司想像的那麼安全。「退潮時，才知道誰在裸泳。」巴菲特的總結何其精闢。但美國在金融危機之前幾年，市場上一貫的資金過剩，導致金融機構明知有風險，仍然堅持玩火。

第二種是違約風險。SIV 買入的債券如果到期無法清償，也會給 SIV 的投資績效和資金安全帶來風險。如果 SIV 只是買進非常安全的美國國債，那麼金融危機可能也不會給 SIV 帶來滅頂之災。正是由於 SIV 持有大量看起來和美國國債同樣安全的 AAA 級「次級房貸」債券，在美國房價出現下跌的情況下，SIV 的投資也就完全失敗了。而債券投資風險中最重要的違約風險，恰恰就是很多 SIV 早年收益不可一世的一項重要原因。是風險，遲早是要

還的;有的時候,只不過是時間早晚罷了。

第三種是信用風險,也就是SIV信用資質。因為SIV的信用,大體上來自背後金融機構的信用資質,因此一旦出現風吹草動或金融危機,金融機構本身是否有能力、有意願救助SIV和SIV的投資者,也是值得投資者慎重考慮的一層不確定性。

綜上所述,SIV遭遇風險和損失,只不過是遲早的事,關鍵在於:投資者是否知曉這種情況,並對此做好充分準備。

從某種程度上來說,餘額寶也是從投資者那裡,以短期融資等方式,把零散的短期資金集中起來,投到中長期的協議存款產品以獲得較高收益的SIV。當然,和加劇2007-2008年全球金融海嘯的SIV產品不同的是,餘額寶只是初級水平的SIV,既不透過系統性地發行短期債作為融資途徑,也不在投資時透過放大槓桿率增加風險以獲得更高的收益。最重要的是,和那些投資在看似安全的AAA級次級貸款的SIV不同,餘額寶主要投資於協議存款領域,應該是更加安全的。只要中國經濟保持增長,中國的銀行體系保持健康和穩定,餘額寶所投資的商品,應該不會面臨違約風險。

但是,從另一個角度來看,上述發生在海外貨幣市場基金和結構性投資工具上的風險,也完全有可能在中國上演。畢竟,中國目前仍是一個發展中國家,經濟金融體系處於高速變革和發展的過程中,也會面臨如此這般的風險。

作為投資者，最重要的任務是能夠瞭解並準確衡量投資機會的風險。作為產品的設計者和提供方，企業有義務充分披露產品背後的機會和風險。作為監管者，政府有職責給所有企業提供一個公平競爭的監管環境，並為投資者提供投資者教育和風險警示方面的保護。在這樣的前提下，投資者的風險偏好如何，是否購買某一類商品、而不是另一類商品，在商品出現違約後由投資者自己承擔，而非讓政府買單，這些都需要充分發揮市場的作用和機制。**很多時候，違約、破產、損失，都是經濟金融市場發展過程中必須經歷的階段，逃不過、也避不開。不這樣，投資者不會成熟；不這樣，市場不會成長。**

其實，金融危機往往並非源於金融創新，而是源於促成金融創新的金融扭曲。

中國投資者、特別是小額投資者，長久以來除了銀行存款和股市外，好像沒有什麼投資選擇的餘地。餘額寶是風險低於股市，而收益高於過去幾年股市的一種投資商品，毫無疑問會對很多中小投資者具有比銀行存款更大的吸引力。這無疑可能對中國金融體系造成衝擊，也有引發金融危機的可能。不過，在充分披露各種「寶寶」的風險之後，**市場應該更多地思考，這些風險到底是從哪裡來的。**

違約：債券市場發展的必經之路

2016年以來，中國信用債市場開始忙著撰寫自己有生以來第一部「違約史」。受之前兩年中國經濟下行大

背景的影響，以及中國利率化金融改革的進一步深入，中國債券市場出現了歷史性的違約高潮、信用風險的集中釋放和信用風險的集中爆發。2016年5月13日，南京雨潤在中國貨幣網發布公告稱，由於未能如期調配資金，因此無法兌付10億人民幣債券本息。這是南京雨潤在兩個月內，第二次出現債務違約。同為上市公司的天威英利在5月12日發布公告稱，其一支總額超過14億人民幣的中期票據的本息兌付存在不確定性，而這是天威系債券第六次出現違約。

特別值得關注的是，債務違約這一原本被廣大投資者認為，只會發生在民間借貸或互聯網金融平台上的孤立事件，近年來卻上演出從中小企業到大型企業，從民營企業到央企，從鋼鐵、有色金屬、煤炭等產能過剩行業等違約重災區向其他行業不斷發酵升溫的趨勢。

2016年5月發布違約公告的，還有東北特鋼集團和內蒙古奈倫集團股份有限公司。5月5日，東北特鋼集團發布公告稱，由於公司現金流極度緊張，5月5日到期、發行規模7億人民幣的15東特鋼CP002未能按期足額償付本息，已構成實質性違約。在此之前，東北特鋼已經連續發生三次企業債違約；此外，中煤集團子公司中煤華昱、中國鐵物等央企，此前也紛紛爆發違約事件。

根據國泰君安統計，2016年初後，有22支信用債發生違約。國資委2014年開始對106家中央企業發行的各類債券進行全面摸底，對即將到期的債券逐筆進行風險排查，在2016年3月底，共有82家央企發行債券4.05兆

人民幣，4家央企違約金額達84億人民幣。

應該如何看待中國債券市場的風險？監管部門應該如何進一步推動債券市場的發展？而投資者又如何在債券市場風險爆發時，做好收益與風險的平衡？這些一時間成為整個中國債券市場，乃至中國金融體系高度關注的話題。

首先，必須指出，即使近年出現違約現象，中國債券市場的發展，特別是信用債券市場的發展，對於中國金融改革、建立多層次資本市場，以及讓金融更好地服務實體經濟，化解民營企業融資難、融資貴等問題，都具有重要意義。

債券市場的發展，可以幫助市場發現信息，把資本以合理的價格，配置到最優的資源上，幫助完成中國利率市場化改革的最後攻堅戰。隨著國內利率關係逐漸理順，中國資本項目開放，人民幣匯率形成機制，以及人民幣國際化等一系列進一步促進中國金融體系改革開放的舉措，也將發揮大力的推動作用。

由此可見，不能因噎廢食，只因債券市場的幾起違約事件，就擔憂、甚至否定債券市場的必要性和重要性。

第二，對於債券市場而言，違約非但不是洪水猛獸，而且必不可少。

無論是股票市場，還是債券市場，金融市場歸根結底是風險的市場。既有市場，便有價格；股票和債券的價格和收益，就是市場參與者透過對和企業、證券有關的各種信息、證券風險的意見表達。不同於股票市場，

債券市場歷史上被認為是非常、甚至絕對安全的市場。投資者可以在不同債券之間進行選擇，但幾乎不需要承擔投資出現損失的風險。

這種情況隨著信用債市場在過去幾十年的飛速發展，其實已經發生了根本改變。隨著以美國為首的西方資本市場裡高收益債券（垃圾債券）市場的發展，債券市場的暴險程度已經大大增加。由於存在較高的違約風險（借債方不能支付利息或到期不能歸還本金），因此高收益債券從承銷到交易，都和傳統意義上的債券存在較多不同，有些方面甚至更接近於股票。由此，債券市場對於風險識別和定價的需要與能力進一步加強。

債券市場主要的風險，就是違約風險。一旦債券違約，投資者不但面臨投資收益泡湯的下場，更有可能損失本金，落得「竹籃兒打水一場空」。由於違約和破產比較少見，也因為債券違約會對投資者造成重大影響，因此債券市場一直高度關注判斷和預測違約風險。所有試圖結束或預測違約風險的模型，都需要利用這些少見的違約事件來摸索規律和修正模型。

直到近年，在中國債券市場裡缺乏違約事件的現象，既讓廣大投資者喪失了風險意識，也讓那些有風險意識的投資者，缺乏機會來觀察和研究中國債券市場裡的違約行為與信用風險。有些人認為，中國徵信體系和信用評級機制的缺失，是導致中國債券市場發展緩慢的重要原因。如果債券市場從來不發生違約事件，那麼無論什麼樣的徵信體系和信用評級機制，都不能有效地為

市場帶來額外有價值的信息，為投資者帶來有意義的幫助。反之，恰恰因為中國市場徵信體系和信用評級機制的不完善，債券市場自身的違約事件，才可能成為對徵信體系和信用評級機制的有效補充。債券交易收益率的變化，其實就是反映債券違約風險最及時、也最準確的標尺。

中國企業債券市場仍處於發展初期，大部分金融市場資產透過銀行體系而來，而非來自資本市場，但隨著時間的推移，債券一定會成為中國資本市場發展重要的組成部分。儘管近年境內債券市場的違約數目上升，當中涉及部分企業與中央和地方國企的債券，但實際上違約率和國際平均水平相比仍然很低。加之在中國債券市場，投資者的認購金額通常很大，應該具有相應的風險承受能力。而且，除非透過違約和投資損失，投資者很難有瞭解風險和進行風險管理的機會。因此，無論是國有企業、還是民營企業的債務，都應當由其自身經營狀況決定，允許債務違約。非如此，中國的債券市場無法擔當起被賦予的歷史和社會使命。

第三，違約有助於市場更好地發現價格，做出準確的風險定價。只有出現違約且打破剛性兌付文化，中國債券市場才能有進一步發展，中國經濟才能成功完成轉型。

近年在中國債券市場發生的集中違約事件，一方面是中國經濟增長速度放緩，經濟增長模式調整的一個自然和正常的反映；另一方面，違約的發生也和中國政府希望逐漸退出其對地方政府和國有、乃至部分私營企業

提供的隱性擔保，希望中國信用市場可以真正發展成
「買者自負，賣者盡責」的成熟債券市場的思路有關。

剛性兌付在很長的時間裡，對於中國債券行業的發
展做出了重大貢獻。即使是在過去中國經濟增長速度放
緩、債務問題加劇、利率下行的大環境下，很多公司
債、企業債之所以仍然吸引了廣大投資者，恰恰就是因
為在中國債券市場裡普遍存在的剛性兌付的信仰。有不
少投資者即使瞭解信用債自身的風險或信用債發行企業
背後的風險，仍然堅定地相信，只要企業在、監管機構
在、政府在，自己購買債券的收益就是剛性的，就是有
保證的，而自己投資所面臨的損失，最終一定會有其他
主體透過不同方式替自己買單。

這種隱性擔保的現象，並非只是出現在中國的債券
投資領域，其實在中國經濟金融各領域都普遍存在。比
如，在中國的 A 股市場，很多投資者都相信，中國政府
及其指定的資本市場監管者，會保證中國股票市場上
漲，或者至少保證市場不會下跌。由於早前公司上市必
須獲得證監會批准，而且獲批的都應該是發展潛力、財
務指標十分優秀的公司，因此一旦出現市場大跌，或者
財務造假而令投資者蒙受損失的情況，就不乏出現中國
投資者在證券公司、證券交易所或證監會門前示威、遊
行的情況。這些投資者認為，監管者應該為自己的風險
和損失負責，或者希望自己的行為能讓政府出台更多有
利於市場上漲的利多政策。

與此同時，中國房地產行業的投資者，也面臨或相信

存在類似的隱性擔保。購房者相信，中國政府一定會保證他們投資房地產的資金，可以獲得豐厚的收益。如果投資者因為房價下跌而蒙受損失，就會出現有人在售樓處示威，甚至劫持銷售人員、破壞售樓處的現象。房地產領域的這些投資者也清楚意識到，政府不會對他們因為投資受損而進行的抗議坐視不管，而一旦政府出面，開發商一定會給政府面子，對投資者的損失給個說法。

中國很多企業之所以敢於高築債台，很重要的一個原因就是：它們相信在自己進行大量投資和創造大量就業之後，一旦投資失敗，政府和國有銀行一定會進行救助。中國很多企業都是在政府明確或隱含的鼓勵和保證之下，選擇進行大量自知難以持續的擴張產能的投資，最終導致企業資不抵債，不得不尋求地方政府和國有銀行的救助。

恰恰由於中國的投資者相信，政府會對自己投資的商品提供隱性擔保，並且保證自己的投資本金和投資收益的安全，所以才會把資金投到這些原本風險相對較高的信託商品和理財計劃上。一旦失去政府的隱性擔保，或者政府喪失了提供隱性擔保的資源，那麼中國的影子銀行、投資者的豐厚收益，以及過去很長一段時間裡企業的廉價融資管道，都將受到嚴重的衝擊。這無疑將對中國經濟的增長速度和經濟增長模式轉型帶來巨大的壓力。

由此可見，中國近年經濟增長速度放緩，某些行業產能嚴重過剩，地方政府和企業債務水平攀升，金融市場波動的現狀，一定程度上是過去一段時間政府擔保和

剛性兌付所引發的局部經濟領域的一些剛性泡沫破裂導致的。中國政府推動短期經濟增長的良苦用心，雖然在短期內達到了政策目標，卻在不經意間扭曲了全社會對於風險的判斷和投資者的風險偏好，扭曲了投資收益和風險之間的平衡關係，以及資本這項生產要素的合理配置。中國目前所面臨的中小企業融資難、融資貴，新增貨幣供應難以流入和服務於實體經濟，以及投資領域裡的投機和泡沫頻現，其實都是這種剛性泡沫在經濟金融不同領域的不同反映。

因此，能否讓投資者相信，中央政府和監管層今後不會再為地方融資平台和國有企業的債務違約買單，監管部門不會再為債務發行主體資質和投資者收益與損失擔保，是中國政府退出隱性擔保過程中的一項重大挑戰。要達到這個目的，如果沒有幾個中國企業、金融機構或地方政府真正嘗試一下，恐怕市場上的投資者永遠也不會相信中央政府會袖手旁觀。

只有在違約和破產中真正遭受損失，投資者才會清醒地意識到，企業面臨的風險是獨立的，中央政府和監管部門不對其他主體所欠的債務負有連帶責任。而只有在投資者對企業的信用和違約風險，都進行了仔細的甄別和慎重的判斷之後，中國資本市場被扭曲的風險和收益之間的關係才能夠得以恢復，地方政府和國有企業不負責任的借款和投資行為才會逐漸停止。

除了在國際上普遍存在的違約和破產所引發的「社會羞恥」效果之外，中國社會對於違約和破產特別的規

避心態，很大程度上是因為中國社會是一個人情社會，而非法治社會。將不良企業推入破產，會被社會上的大多數人認為，這是一種非常傷害感情的行為。而且，違約和破產事件，還有可能引起企業相關工作人員和投資者的強烈不滿，引發社會不穩定因素。再者，由於中國政府在國有企業中占有大量股份，允許國有企業和地方政府破產，會直接對中央政府的資產負債表與財務狀況造成負面衝擊，這也是政府非常不願意看到的。

但是，無論投資者對於政府調控經濟結構的實力和能力有多麼強烈的信心，也無論中央政府的財力多麼雄厚，我們都必須意識到，經濟運行有自己的原則和規律，如果長期扭曲經濟金融體系中的資產配置、扭曲風險和收益之間的關係，那麼不但不能夠防止經濟下滑，反而可能引發泡沫、危機，以及長期的衰退和停滯性通膨。因此，如何透過更好的訊息披露，幫助全社會、全市場和金融機構整體真正意識到風險的存在和根源，並且透過金融改革和金融創新，化解和分散中國經濟與中國影子銀行面臨的風險，對於中國經濟改革、中國經濟增長模式的轉型、化解中國金融風險和宏觀風險，都有至關重要的意義。從這個意義來講，蘋果公司的創始人賈伯斯的這句名言可能是對的：「死亡是生命最偉大的發明。」**破產和違約，很可能是唯一可以解決中國隱性擔保問題、推動中國債券市場發展，並且深化推進中國經濟和金融體系改革的意外之選。**

15

何去何從

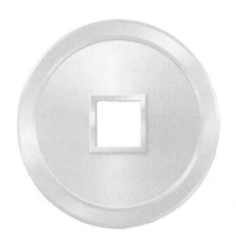

投資者面臨的最大敵人，既不是外國的陰謀策劃者，
也不是本國的政府和監管層，更不是上市公司或金融公司，
而是自身對於金融市場和風險的片面認知。
如果投資者不能夠正確認識風險，整個資本市場和金融體系，
都會面臨極大的不確定性。

企業與企業家

投資者教育：
讓投資回歸本來的難度，克服貪婪與恐懼

　　本書寫到這裡已近尾聲，在此總結一下本書討論的內容，也討論一下行為金融學研究對於散戶、企業、政府和監管者的借鑑意義，以及對於金融決策和政策制定的影響。如果把企業和政府看作一種追求利潤最大化或公共福利最大化的機構，那麼企業和政府其實也是利用不同資源來投資各種項目的投資者。

　　首先，企業家在其企業之外，作為一般的投資者，其投資行為和散戶的投資行為，具有很多的相似之處。一般而言，散戶的平均投資績效顯然跑不贏大盤。無論是在股票市場投資，還是透過基金進行間接投資；總體而言，散戶的表現都弱於大盤。其中一個主要原因是投資者的行為偏誤，尤其是過度自信。對自身投資能力和對市場趨勢的把握，投資者往往有過度自信的傾向，即雖然沒有足夠的投資能力，卻有足夠的自信投資，結果導致散戶的市場表現輸給大盤。比如，在進行換倉的時候，散戶新近買入的股票，比之前買入的股票表現更差。同時，散戶的交易成本，有時會完全侵蝕投資收益。

　　其次，在投資的時候，散戶表現出一種趨勢，即簡單地用歷史預測未來（代表性偏誤），這導致散戶的市場擇時不大準確──因為簡單地依靠過往績效做決策，就會在市場達到頂端的時候湧入市場；或者在市場見

投資者的敵人

底、凸顯投資價值的時候，又大舉撤出市場。散戶的這種錯誤擇時，一定程度上損害了自身的投資收益，也是績效不盡如人意的部分原因。

　　除了過度自信和代表性偏誤之外，散戶不盡如人意的投資績效，在很大程度上還是因為對於金融、風險和正確的投資觀念缺乏瞭解。比如他們往往沒有意識到，風險和波動對於長期投資的回報率是有損害的。由於缺乏對長期投資的信心和對複利增長巨大價值的理解，散戶往往會低估投資中的風險，尤其是下行風險。因此，投資者應當多關注投資過程中的風險，尤其要規避股市下跌或投資組合下跌的風險。只有控制好風險，才能保證資本長期進行複利增長的投資，從而帶來更高的收益。

長期投資：複利的價值

　　在投資中，人們經常考慮的是：每年怎麼獲得10％、15％、20％，甚至30％的收益率。人們都在尋找收益率非常高的商品，但忘了最有利的投資武器和工具——複利投資。比如，8％的收益率看起來不怎麼吸引人，但如果連續進行複利滾動，今年的100元本金，明年變成108元，8％的收益率如果連續投資30年，100元的本金可以變成1,006元。

　　如果採取複利投資，投資者可以大致遵從72法則；也就是說，用72除以預期投資收益率，得到的結果就是本金翻倍所需要的時間。如果每年可以獲得10％左右的年投資收益率，那麼只需要7年，本金就可以翻倍；如

果年投資收益率為12％左右，那麼只需要6年，本金就可以翻倍；如果年投資收益率為15％左右，就只需要5年，本金就可以翻倍。因此，從長期投資的角度來講，我們需要的並不是非常高的一次性收益，而是更需要一種可持續、長期、穩定的收益。**收益率固然重要，但時間和堅持也同樣重要。在這種大環境下，投資者如果做好多元化投資，就能夠享受長期增長的複利好處，這無疑意味著長期投資的成功。**

當然，投資者必須注意到：上述計算取決於一項非常重要的假設，如果你的預期年收益率為8％，每年的實際收益率越接近8％，你取得翻倍回報的時間就會越接近於9年。雖然平均每年是8％的收益率，但是下列兩種情況的長期收益率將會迥然不同：第一種情況是，投資收益率每年都是8％；第二種情況是，投資收益率出現大幅波動，第一年的收益率是10％、第二年是6％、第三年是2％、第四年是14％……。一種是比較平穩的增長，一種是波動比較大的增長，哪一種可以在更短的時間裡讓資產翻倍？**收益的波動率越大，本金翻倍所需要的時間就會越長，也就是複利增值的速度相對更慢，這恰恰是很多投資者沒有注意到的重點。**即使不能大幅度提高收益率，投資者也可以透過降低投資風險的方式，提高自己長期的投資回報。

交易成本和投資淨收益

還有一項影響投資者長期投資收益的因素，即投資

過程中產生的交易成本。投資者應該特別關注自己獲得的投資淨收益，也就是扣除交易成本和各種中間費用之後的收益，因為這才是最後拿到手的收益。不論是交易股票、期貨、權證，還是基金，投資者在評估收益的時候，都要計算交易費用和交易成本，考慮在扣除交易費用和交易成本之後，自己能夠獲得多少的投資收益才是關鍵。

在預期收益給定的前提下，交易成本越高的投資機會，投資者越是要慎重，因為即使是透過這種投資方式獲得比較好的收益，收益中很大一部分有可能還是被投資管理者以費用和業績提升的方式收走了，真正留給投資者的淨收益可能並不是非常高。投資者在選擇不同的長期投資時，對於交易成本的考量會產生重大影響。套用中國教育界一句常用的說法，面對投資也可千萬「不能輸在起跑點上」。別在還沒真正開始投資時，就已經支付了高額的交易成本。

多元化投資

投資者必須關注市場上的多元化投資商品和多元化投資概念。在日常生活中，散戶都有很多其他工作和責任，往往沒有很多時間用於研究投資，所以更需要瞭解多元化投資機會、掌握多元化投資概念，將風險充分地分散，力求使自己的收益接近市場的平均水平。如果投資者能夠做到這種收益水平，就會有不錯的結果。如果用數據來反映，假設投資者可以比較穩定地獲得12％的

年化收益率，那麼6年左右本金就可以翻倍，這很有吸引力。

房地產投資和股票投資，對於全球家庭來說都是大事。在中國，如果看一下居民家庭投資資產配置就會發現，少數幾處房產和少數幾檔股票，幾乎占據中國居民的絕大部分（金融）資產。這種投資手法，讓人不禁想起鼎鼎大名的巴菲特，他老人家的投資理念，就是把所有的雞蛋都放在一個籃子裡，然後枕戈待旦、終年無休地看住自己的籃子。

然而，全世界只有一個巴菲特，他的這種策略也並不適用於廣大的個人投資者。看看那些整天為房地產調控政策和股市波動而操心的家庭，便知中國大部分的投資者在投資過程中，都嚴重違背了投資學最基本的多元化投資原則，即不要把雞蛋放在一個籃子裡的原則。

投資者之所以對短期的收益高度關注，在很大程度上是因為他們希望能夠透過選擇正確的時間進入或退出市場，或者及時調整自己的投資部位，來獲得更高的投資收益。

遺憾的是，所謂「擇時能力」，即選擇最佳時機調整投資暴險的能力，比人們想像的要難得多。根據美國晨星公司的一份報告，在過去二十年中一直長期投資的美國投資者，平均每年的收益率是7.81％。然而，如果只是錯過股市表現最好的10天，投資者的長期收益率就會下降到平均每年4.14％；如果投資者錯過股市表現最好的20天，投資者的長期收益率更是會下降到平均每年

1.7％。由此可見，選擇最好的投資時機，確實很重要。

如果不能把握最好的時機，投資者應該如何避免這樣的潛在損失呢？答案正是：多元化投資。在股票、債券、房地產之間多元化配置，在不同股票市場、幣種、板塊之間多元化配置，在不同風險、週期、現金流的債券中多元化配置。 隨著中國資本管制的日益開放，中國投資者有了越來越多投資海外市場和海外貨幣的機會；隨著更多基金商品、理財商品、信託計劃的推出，市場上有了更多適應不同投資者風險偏好的多元化選擇；隨著指數型基金和ETF（exchange-traded fund，指數股票型基金）的推出，方便、廉價的被動多元化投資，也逐漸進入投資者的視野。

多元化並不只是在不同板塊、不同股票間的多元化，也包括在投資時機上的多元化。 對於沒有水晶球的投資者而言，在經濟週期的頂端和底端，都應該持續把資產配置於投資過程中。就像投資者有時不能區分好股票或壞股票一樣，投資者也很難挑選「最佳」投資時機。所以，投資者應有紀律性，在投資時間上也應進行多元化。基金定投，每個月拿出固定的金額在不同的時點投資，就是一種投資時間多元化的有效方法。

企業發展
可持續發展

透過討論企業行為和企業高管的行為不難發現，在

整個投資過程中，企業或上市公司和它們的投資者，很多時候扮演兩種角色。一方面，散戶或機構投資者需要甄別企業、判斷不同的訊息，同時透過自己買入和賣出股票，推高或壓低上市公司的股價。另一方面，上市公司也並非處於評價和選擇過程的被動地位，透過公司決策，或是透過公司高管的一些行為，上市公司會吸引投資者更多的關注，或得到更多的認可。

因此，在資本市場的發展過程中，投資者和上市公司一直是互動的兩個群體。企業究竟對投資者或對資本市場發展有什麼影響？我們必須意識到，企業是一種追求利潤最大化的經濟組織，企業高管作為追求利益最大化、同時具有很強能力的個人，也會希望利用各種手段最大化自己的利益。這種目標無可厚非，而且這種訴求與整個資本市場和投資者的長期目標較為一致。

想要得到投資者的長期信任和認可，上市公司需要協調好短期和長期關係。在全球資本市場的發展過程中，有兩種不同的模式。一是以美國的華爾街為代表的短期資本市場模式，這種模式追求上市公司短期業績的大幅度提升和股價的大幅度攀升。二是以德國和日本為代表的資本市場，對股價的短期波動關注較少，而是把更多精力放在企業核心競爭力和與投資者的長期溝通及信任上。

華爾街追求短期目標的好處，自然是可以在短期內使公司股價快速上漲；劣勢是可能產生不必要的道德風險，吸引高管做出一些強烈的短期行為。有些高管會透

過財務造假等方法，犧牲廣大股東和機構投資者的利益，從而達到獲得更高收益的目的。所以，在這樣的大環境下，無論是從上市公司社會責任的角度，還是從投資者面臨風險的角度來看，筆者都認為，企業應當處理好上市公司和資本市場長期穩定發展的關係。因為一旦企業進行了一次財務造假，投資者就可能完全喪失對這家公司的信心，那麼這家公司今後的發展，就會面臨嚴重的質疑和巨大的阻力。

為了能夠實現企業業績的可持續發展，企業的業務也必須走上可持續發展的道路。近年，中國有很多企業都把重心放在放高利貸，或是進行房地產投資等短期投資項目上，而把主營業務晾在一邊。短期來看，這種做法順應了中國目前經濟發展的趨勢，付出較少的努力，就可以獲得較高的收益。但是與此同時，**一家企業想要長期在資本市場中贏得投資者的認可，或是在產品市場中贏得消費者的認可，就必須擁有核心商品、核心服務、核心創造力和核心價值。**

如果都靠放高利貸和開發房地產獲利，雖然在短期之內，企業的盈利水平會快速增長，但是這種利潤的增長，可能導致股價的大幅度變動。隨著宏觀經濟形勢的變化，如果中國企業一直依賴房地產作為業績的主要推動力，那麼在中國經濟發展模式成功轉型之後，很多企業就會喪失進一步提升贏利能力的機會。在日本房地產泡沫期間，很多日本上市公司就經歷了類似的情況。正是因為透過房地產市場和借貸領域，可以輕而易舉地獲

利，日本很多原本非常成功的企業，都放棄了自己的核心價值和核心競爭力。隨著全球經濟重心的調整和日本經濟的回落，這些企業都遭受到極大的衝擊，中國企業應當引以為戒。

另外，上市公司或企業必須處理好自身和社會其他利益相關方的關係，實現全方位發展。人們常說，企業和上市公司應對自己的股東負責；不過，現在更常見的情況是，企業的高管和董事會不僅要對股東負責，還要考慮企業內部和外部的其他利益相關方，比如企業的債權人、企業的員工、企業所在的社區和城市等。企業只有處理好自己和各利益相關方的關係，處理好股東和債權人、員工、社區、地方政府的關係，才可以保證在比較健康、友好的環境裡可持續發展。從這個角度來講，無論是損人利己的高管，還是投其所好的高管，資本市場的那一套，只能在短期內見效。**要保證企業的長期發展，更重要的是靠企業自身的核心競爭力和所有利益相關方對企業的長期信任、關心和支持。**

有社會責任感地發展

除了作為商業機構的商業屬性之外，企業還肩負著重要的社會責任。中國的企業需要特別關注下列三個方面。

第一，企業和自然環境的關係。俗話說「天人合一」，只有和自然環境建立和諧的關係，才能保證企業的成功發展。無論是從原物料、產品質量、食品安全，還是從員工身心健康的角度，企業都必須考慮自身和環境的關

係、人和自然之間的協調。在考慮商業利益的同時，企業也要考慮對整個社會、人類可能產生的重大影響。

第二，除了和自然界關係和諧之外，企業也要考慮自身和整個社區的關係。透過雇用社區的員工或與本地金融機構或教育機構合作，企業給社區的公共事業或公共活動提供支持，從而形成友好的氛圍，這是企業作為商業機構體現出的一種社會責任，同時也是企業保障自己可持續發展的一種方式。

第三，在追求商業利益的同時，企業也應該向社會宣揚正向積極、健康向上、誠實的價值觀。無論是透過慈善捐助，還是透過與大學和研究機構合作，或是透過內部和外部的刊物發表和宣傳，在給股東帶來商業回報的同時，企業也應該傳遞這種正面的訊息，將自身的核心競爭力展現在社會面前，不斷地提升對於企業運作和價值的追求。在為社會進步和發展做出貢獻的同時，企業也會創造更多更新的消費需求、商業想法和創新理念，推動企業的進一步發展。

避免戰爭論和陰謀論

現在很多投資者都受到陰謀論和戰爭論的影響，不知不覺把金融妖魔化或把投資神話化。很多人覺得，只有非常富有或專業知識深厚的人，才能做投資，進而有一種對投資的畏懼和回避心態。這種回避心態，導致了投資者錯過很多長期投資的機會。

同時，陰謀論和戰爭論導致散戶認為，進行投資的

時候，無論是在國家與國家之間，還是散戶與機構投資者之間，或是散戶與散戶之間，都存在著金融的陰謀。這更讓投資者覺得，只有那些非常有城府、工於心計，會採取非法手段的人，才能從事金融投資，而自己應該對金融敬而遠之。其實，這些想法都是不正確的。

第一，所謂的陰謀論和戰爭論，並沒有堅實的理論與數據支持。如果投資者不瞭解金融，不能夠正確地對待風險或不重視長期投資，那麼無論是哪個國家、機構，還是個人，都遲早會蒙受損失。這一點絕對不只局限於中國，也不只局限於這個時代，從本書一開始講到的那些國家和金融機構的投資損失，就可以印證這一點。

第二，我們在討論陰謀論的時候，投資者會在心理上產生一種很強的抵觸情緒。於是，投資者不能正確地看待投資過程中出現的風險和面對的挑戰，導致可能錯過一些客觀應對投資風險和損失的機會。

第三，在陰謀論的影響下，有些投資者會天真地認為，陰謀論是自己投資損失的罪魁禍首。因此，在投資收益不好的時候，投資者會對自己的投資行為和決定不負責任，覺得投資失利不是個人素質不夠，也不是投資能力欠缺，而是因為有一些敵對國家或敵對投資者在實施陰謀，進行算計。**一旦抱有這種簡單的看法，投資者就會放鬆對自己的要求，降低對投資的責任心，不進一步提升投資能力，或學習更多關於金融和投資的技術、技巧和知識，最終導致投資者的收益更少。**

政府

提供更多的投資管道：發展債券市場

反觀中國過去發生的重大經濟事件，譬如以溫州為代表的中小企業融資難的問題，以地方政府融資平台和為其服務的信託計劃為代表的影子銀行問題，以樓市和股市為代表的資產泡沫傾向和資產價格過度波動的問題，以銀行業為代表的金融行業盈利收入水平遠遠高於其他實體經濟部門的問題等，好像在每一次重大的經濟事件之後，聽到最多的就是進一步推動金融改革的呼聲。這其中存在了一對很大的矛盾，即在宏觀層面的天量流動性泛濫和在微觀層面的中小企業融資難、國內家庭投資管道有限之間的矛盾。

想要解決這一對矛盾，債券市場的發展，有可能成為一石多鳥的金融改革的重要方向。作為所有其他債券市場的定價基礎和信用標桿，中國國債市場的發展對債券市場整體發展的重要性不言而喻。目前，與發達國家相比，中國國債的發行和交易規模仍然顯得稍小，市場流動性也相對較低。中國銀行間市場交易商協會只在一定程度上，補充了國債二級市場的一些欠缺。

人們曾經熱議的中國國債期貨，可以解決國債市場流動性較低的問題，保證中國國債市場價格穩定，擴展國債投資範圍。國外很多固定收益市場，也經歷了類似的發展歷程。隨著利率期貨和利率期貨選擇權的推出，更多市場參與者會加入影響和決定基準利率的過程，由

此產生的基準利率,會更接近市場化的利率水平。

在中國國債市場發展的同時,公司債券市場下一階段發展的重點,首先是進行統一監管和交易。目前,中國的公司債券市場由中國人民銀行、發改委和證監會等多方分別監管,這樣的現狀不僅導致市場割裂、監管要求不同,造成監管套利和信息披露不對稱,還導致二級市場流動性差,限制了一級市場的債券發行。

其次,目前只有少數信用資質很好的企業,才能透過中國的債券市場發債。值得指出的是,債券市場的一項重要功能是:對信用資質進行定價。因此,只有允許不同信用資質的企業參與,才可能讓市場和投資者表達自己對於信用資質的意見和估值,繼而在營運管理、現金管理、公司治理等方面,對企業提出更高的要求。中國證監會曾推出的高收益債券,正是這方面很有價值的一次嘗試。

此外,**對於在短期內解決地方政府融資難的問題,國際上通行的地方政府債和市政債券市場的發展,提供了直接的經驗與借鑑意義**。隨著地方政府透過市政債券市場發行債務,地方政府就必須向社會和投資者披露更多有關地方財政情況的訊息;而地方財政收入、支出、資產負債表等訊息的披露,不僅能為廣大投資者提供投資決策的基礎,還能對地方政府的融資、投資、財政稅收政策的制定,形成無形的監督和約束。從某種意義上來講,地方政府債和市政債券市場的發展,有可能從根本上解決地方政府的土地財政問題,以及由此引發的房

價高速上漲的社會問題。

　　過去幾年，中國東部沿海一些經濟比較發達的地區，已經進行地方政府債券和市政債券的發行，累積了一定的經驗並取得了一些成果。然而，和公司債券市場一樣，只有允許不同信用資質的地方政府進入地方政府債券市場，市場才能對政府信用給出公平和透明的定價。在定價激勵下，地方政府也會更好地平衡地方政府財政，以期今後獲得更廉價的融資。

　　由此可見，大力發展債券市場，或許有助於解決中國目前面臨的眾多經濟挑戰。不僅如此，在解決了利率市場化的問題後，人民幣國際化和資本項目可兌換所面臨的很多問題，也有可能迎刃而解。在國內利率市場化的前提下，中國人民銀行目前在考慮匯率和人民幣流動的問題上，所面臨的諸多挑戰和掣肘就可能更加容易解決。同時，中國市場的金融穩定，也會進一步加快中國國際金融改革的步伐，並且走得更穩健。環顧當今的大環境，歐洲主權債務危機尚未真正解決，日本資產購買政策和由此導致的日元貶值，美國經濟加速復甦，全球宏觀經濟高度不確定，對中國下一步金融改革和中國金融體系穩步融入全球金融體系的整體進程而言，國內利率市場化和債券市場的發展，都會發揮至關重要的作用。

　　債券市場的發展，除了可以幫助解決利率市場化的問題，還對中國股票市場有諸多正面的影響。其一，隨著公司債券市場的發展，廣大企業可以透過債券市場進行融資，不必千軍萬馬湧向IPO的獨木橋。由於存在有

競爭的融資管道，IPO將不再會因為強烈的需求和人為壓低的供給扭曲，長期困擾中國股市的一、二級市場定價割裂的問題，有可能在債券市場發展的過程中自然而然地得到解決。

其二，隨著公司債券發行和信息的披露，上市公司需要面對更高的公司治理要求。如果股票市場不能妥善地改善公司治理和保護投資者、尤其是中小投資者的利益，那麼投資者有可能選擇「用腳投票」的方式，離開股票市場，透過債券市場進行投資。中國A股市場上屢禁不止的公司高管和大股東利用對公司的實際控制與股權結構，進行利益輸送及關聯交易的現象，也可能得到緩解。

其三，成熟和穩定的債券市場和豐富多樣的債券產品，會為廣大的中國投資者提供更廣泛的投資管道和更穩健的投資商品。隨著中國人口結構的轉變，中國居民對固定收益商品的需求會日益增加。一旦投資者對安全、穩健、回報適中的債券產品的瞭解加深，自然就會將一部分資產從A股市場和房地產市場配置到債券市場，畢竟A股市場的風險高、波動大，而房地產市場缺乏流動性且交易成本高昂，屬於「非理性繁榮」。因此，當債券市場逐步繁榮起來，股票和房地產市場也會隨之回歸理性。

由此看來，**無論中國下一階段金融改革的方向、路徑和步伐如何，發展和壯大債券市場都可能是值得認真考慮、一石多鳥的重要政策選擇。**債券市場的監管思

路，對於中國多層次資本市場的順利發展，也有著舉足輕重的意義。

重融資，也重投資：
從以融資為目的，到以投資為目的

除了新市場和新商品的推出，中國A股市場的監管思路，也必須發生本質的轉變。很大程度上，中國A股市場在創立之初，是為了解難排憂，幫助國有企業融資。這也是在整個A股市場中比較保護上市公司，而對中小散戶保護不夠的原因。隨著A股市場規模的逐漸擴大，整體投資者的水平和權利保護意識提升，A股市場必須改變傳統的重融資而輕投資、保護上市公司而不保護投資者的概念。

2008年之後，中國投資者對於A股市場投資的信心大不如前。投資者對於中國A股市場信心的缺失，伴隨著流動性和貨幣供應量不再能夠大規模地刺激經濟或創造GDP，導致過去幾年中國A股市場一直表現欠佳。筆者認為，中國股市在沒有大的、深層次的改革之前，在今後一段時間可能不會有特別大的轉機。

從這個角度來講，**只有轉變市場理念，才能使投資者對市場有信心，願意在中國A股市場投資**。否則，隨著整個資本市場的開放，中國投資者有了更多海外投資的選擇，中國的上市公司將面臨全球化的競爭。那麼原來的資本管制和外匯兌換額度等制度，將不再能夠保護中國的上市公司。中國上市公司得提交更好的成績單，

創造更高的盈餘增長，提供更讓人放心的公司治理結構，才能夠吸引中國的投資者，把資金留在中國A股市場，而不流向估值更便宜、公司治理更透明、對投資者保護更完備的海外資本市場。

與此同時，國際投資者也聰明地意識到，中國上市公司的估值比其他市場的高，同時擔心看不懂中國上市公司的很多財務資訊，擔心中國上市公司的大股東，會透過一些手段來竊取其他股東和投資者的利益。如果這種大的制度環境不改變，即使向國際投資者開放中國A股市場，很多國際投資者也未必敢進入中國市場進行投資。從這個角度來講，必須改變監管的思路和方式。

投資海外市場，引進國際投資者

很長一段時間以來，中國資本市場一直是一個封閉的市場，在很大程度上對於投資者是不開放的：中國的投資者不能到海外市場投資，國際投資者也不能到中國的市場進行投資，國際投資者希望進入中國市場，必須透過QFII（Qualified Foreign Institutional Investor，合格境外機構投資者）方式獲得外管局的批准，才能獲得投資中國股市的額度。與此同時，國內投資者也不能把資金輕易地投放到海外市場，雖然是為了保證中國資本市場的穩定，但與此同時，資本市場的限制，也會影響投資者的投資決定和投資收益。

這一點，體現在中國和海外資本市場收益與風險的平衡上。筆者在研究中發現，過去二、三十年，中國股

市的收益雖然比全球股市高一些，但是從波動率來講，中國A股市場的波動率，幾乎是全球股票市場波動率的三倍。也就是說，按照第4章提到的夏普比率，中國投資者在承擔相同風險的前提下，只獲得國際投資者一半左右的收益。**如何提升中國投資者的收益，或者降低中國投資者承受的風險，無疑是資本市場下一步發展的重點。除了發展證券市場之外，國際化的思路也很重要，要鼓勵中國的投資者進行海外投資，多元涉足全球資本市場。**全球資本市場是一個更多元化、更好地分散和控制風險的市場，只有進行全球化的投資，才可能做到最大化分散投資風險。

在這些市場裡面，海外主要資本市場指數和海外投資，可以在兩個方面很好地幫助中國的投資者：第一，分散投資者的風險；第二，在控制單位風險的前提下提升收益。據推算，如果能夠鼓勵中國投資者把1/3左右的資產投到海外市場，中國投資者所獲得的夏普比率可以提升20％～30％，這是一個非常大的收益風險比例的提升。開放資本投資管制，鼓勵中國投資者投資海外市場，也可以幫助中國投資者更好地分享全球的經濟發展，獲得更高的投資收益。

投資者准入機制：從機構核准到投資者核准

至於監管，思路和工作方法的轉變，是今後的一項重點——必須從原來對結果的監管，逐步轉變為對過程的監管；即從對市場行為的監管變為對資質的監管，從

原來對准入市場的監管變為對進入市場最低資格的監管。

　　原來，無論是股票的發行、審批，還是公司IPO，中國監管部門都會分析和評價每一步是否符合要求。這種做法有兩個問題：首先，監管部門缺乏相應的資源和能力，難以掌握充分的信息。很多公司在上市之後，便出現業績「變臉」或虧損的結果，就證明了監管部門和市場在資源、人員、信息上的不對稱。無論監管層工作多麼勤勉，都很難保證結果準確。其次，由於監管過程是對「結果」的監管，很多投資者認為，某家公司或某項商品既然通過了監管，該公司或商品就沒有風險。監管層對於風險的隱性擔保，既引導很多投資者盲目進入不瞭解的市場，而且導致投資者低估了投資過程中的風險，倉促投資而蒙受損失。對於投資者而言，這些損失不僅帶來了極大傷害，產生的不滿情緒還會給監管層帶來壓力和監管難題，有時甚至可能導致監管層進一步收緊監管，形成惡性循環。

　　事實上，解決辦法是採取流程式的監管，或者叫作對「過程」的監管。例如，要求上市公司在上市過程中，必須滿足一定的條件；要求基金公司披露如資質、倉位、風險等信息。在滿足這些前提之後，允許盡可能多的市場參與者進入市場，發售股票、發售債券或發行基金產品。由於中國證監會不再對企業的經營結果或投資的安全性進行認證，投資者就必須對自己的投資負全責，會三思而後行。他們會意識到，如果發生損失，並不是因為證監會的某項政策，而是因為自己沒有做出正

確的決策。這種自然選擇的優勝劣汰過程，對於投資者成熟和市場成長都極有價值。

放鬆管制和由此而來的損失，不僅可以幫助投資者認識自己的投資能力，還可以幫助投資者認識整個市場的風險。其中的損失和風險，自然會阻礙很多投資者進入市場，從而避免人們蒙受更多的損失。如果從市場演進和發展的角度來看待這個問題，對過程的監管可能會比對結果的監管更為有效。

同時，我們也會看到，無論是從發行股票的角度，還是從推出新商品的角度，都應該對機構提出最基本的要求，包括披露機構資質、過往業績、聲譽等信息。在對機構和商品提出要求的同時，監管層對投資者也應當有相應的要求，如投資者必須具備的資產規模、經驗、風險承受能力。只有對投資者的財富、投資技能和風險承受能力制定標準，監管層才能夠保證投資者所投資的商品，和其風險偏好程度、風險承受能力相匹配。這並不是對投資者的歧視，恰恰是為了保護投資者，也是為了讓整個市場長期穩定發展。

筆者希望，本書可以幫助投資者意識到，投資者面臨的最大敵人，很可能既不是外國的陰謀策劃者，也不是本國的政府和監管層，更不是上市公司或金融公司，而是自己對於金融和風險的有限瞭解。如果對兩者瞭解得不夠透澈，投資者、上市公司，以及整個資本市場和金融體系，都會面臨更多意想不到的波動。因此，**瞭解自我、瞭解金融、瞭解投資，對於投資者保護自己、獲**

得更好的收益並規避風險至關重要。

最後，筆者希望這本書能夠幫助更多的投資者，尤其是廣大的散戶，理解和戰勝投資過程中的敵人，在投資經歷中獲得理想的收益。

謝辭

本書匯集了行為經濟學和行為金融學研究在過去數十年的諸多重大發現，和筆者過去二十多年對相關問題的研究和思考。行為經濟學和行為金融學作為經濟學和金融學研究在過去數十年最重要的突破領域之一，正在深刻地改變經濟學界、政策制定者、企業管理者和每一個家庭與個人的思考與決策。

我在耶魯大學的同事威廉・戈茲曼，還有羅伯・席勒、陳志武教授都是我的學習榜樣。他們充分發揮了耶魯大學將學術研究、教學與社會責任緊密結合的一貫宗旨，透過出版專著的方式，將自己的學術成果、思想和全社會分享。本書的契機，來自諾貝爾經濟學獎得主羅伯・席勒教授，在2012年訪問中國時對我的大力鼓勵。

我想利用這個機會，感謝我的眾多研究合作者。

加州大學的布拉德・巴伯、保羅・格里芬、特倫斯・奧迪恩、伊沃・韋爾奇、米歇爾・懷特、蔡知令；耶魯大學的拉維・達爾、威廉・戈茲曼、胡安、皮特・凱利、羅伯・席勒；哈佛大學的洛侖・科恩、克里斯・馬洛伊；瑞士國際管理學院的阿圖盧・布里斯；康乃爾大學的安德雷・烏霍夫；南伊利諾大學的吉娜・尼克羅西；丹佛大學的彭亮；亞利桑那州立大學的馬克・西肖爾斯；聖母大學的高鵬傑；倫敦經濟學院的彭程；費城

聯邦儲備委員會的李文麗。

上海交通大學上海高級金融學院的張晏誠、張純信、方辰君；上海紐約大學的趙彬；北京大學的劉玉珍、李怡宗、羅煒、王漢生；北京清華大學的廖理、張偉強、王正為、王新程、向佳、區嘉和；北京師範大學的胡聰慧；上海財經大學的黃俊；中南財經政法大學的李志升；西南財經大學的張翼；台灣大學的蔡家芬、洪茂蔚、吳琮璠、張志宏；高雄科技大學的王銘駿；香港中文大學的範博宏。

澳大利亞金融監管局的卡特里娜・埃利斯；中國國際金融公司的黃海洲；中信證券的林曉馳；聯合研究的西恩・謝潑德；紐約市經濟發展公司的史蒂文・斯特勞斯。

我在耶魯大學、加州大學、北京大學、上海交通大學、北京清華大學的同事和助理，我指導的來自上海交通大學上海高級金融學院、北京大學、北京清華大學、台灣大學、政治大學、耶魯大學、加州大學的博士研究生和碩士研究生，我在雷曼兄弟和野村證券工作期間的同事、團隊和客戶，也在我的研究和授課過程中，對我的研究與本書的創作做出了重要貢獻。其中，方辰君、李論、馬曉崟、王皓非、徐禎幫我校對了本書初稿。

國際貨幣基金組織、美國聯準會、費城聯邦儲備委員會、新加坡金管局、澳大利亞儲備銀行、中國人民銀行、中國證監會、上海證券交易所、台灣大學、政治大學、香港中文大學、早稻田大學、倫敦大學帝國學院、新加坡管理大學、世界經濟論壇，曾對我的短期訪問和

研究給予支持。

　　中信出版社的朱虹老師、張颸編輯，對於本書最初出版給予不遺餘力的投入和幫助。我的家人在我常年求學和研究的過程中，給予我無盡的關愛和支持，我希望能夠藉此機會向他們表示最由衷的感謝！

謝辭

Star 星出版 財經商管 Biz 027

投資者的敵人

作者 —— 朱寧

總編輯 —— 邱慧菁
特約編輯 —— 吳依亭
校對 —— 李蓓蓓
封面完稿 —— 李岱玲
內頁排版 —— 立全電腦印前排版有限公司

出版 —— 星出版／遠足文化事業股份有限公司
發行 —— 遠足文化事業股份有限公司（讀書共和國出版集團）
231 新北市新店區民權路 108 之 4 號 8 樓
電話：886-2-2218-1417
傳真：886-2-8667-1065
email: service@bookrep.com.tw
郵撥帳號：19504465 遠足文化事業股份有限公司
客服專線 0800221029

法律顧問 —— 華洋法律事務所 蘇文生律師
製版廠 —— 中原造像股份有限公司
印刷廠 —— 中原造像股份有限公司
裝訂廠 —— 中原造像股份有限公司
登記證 —— 局版台業字第 2517 號

出版日期 —— 2024 年 10 月 2 日第一版第一次印行
定價 —— 新台幣 450 元
書號 —— 2BBZ0027
ISBN —— 978-626-98713-1-5

國家圖書館出版品預行編目（CIP）資料

投資者的敵人／朱寧 著 – 第一版 .- 新北市：星出版，遠足文化事業
股份有限公司 , 2024.10
320 面；15x21 公分 . -- （財經商管；Biz 027）.

ISBN 978-626-98713-1-5（平裝）

1. CST：投資心理學

563.5014   113008815

星出版讀者服務信箱 —— starpublishing@bookrep.com.tw
讀書共和國網路書店 —— www.bookrep.com.tw
讀書共和國客服信箱 —— service@bookrep.com.tw
歡迎團體訂購，另有優惠，請洽業務部：886-2-22181417 ext. 1132 或 1520

本書如有缺頁、破損、裝訂錯誤，請寄回更換。
本書僅代表作者言論，不代表星出版／讀書共和國出版集團立場與意見，文責由作者自行承擔

新觀點
新思維
新眼界

Star
星出版